数字图书馆管理与创新

胡璠 著

吉林摄影出版社
·长春·

图书在版编目（CIP）数据

数字图书馆管理与创新 / 胡璠著. -- 长春：吉林摄影出版社，2023.12
ISBN 978-7-5498-6108-8

Ⅰ．①数… Ⅱ．①胡… Ⅲ．①数字图书馆－图书馆管理－研究 Ⅳ．①G250.76

中国国家版本馆CIP数据核字(2023)第256342号

数字图书馆管理与创新
SHUZI TUSHUGUAN GUANLI YU CHUANGXIN

作　　者	胡　璠
出 版 人	车　强
责任编辑	李　彬　樊　华
封面设计	文　亮
开　　本	787毫米×1092毫米　1/16
字　　数	230千字
印　　张	10.75
版　　次	2023年12月第1版
印　　次	2023年12月第1次印刷
出　　版	吉林摄影出版社
发　　行	吉林摄影出版社
地　　址	长春市净月高新技术开发区福祉大路5788号
	邮编：130118
网　　址	www.jlsycbs.net
电　　话	总编办：0431-81629821
	发行科：0431-81629829
印　　刷	河北创联印刷有限公司
书　　号	ISBN 978-7-5498-6108-8　　　　定　价：76.00元

版权所有　　侵权必究

前言

综观现代图书馆管理的发展状况，会发现在科技快速发展、信息日益膨胀的今天，图书馆管理正在发生翻天覆地的变化。一方面，科技发展对图书馆的影响已经日益加深，这主要归因于计算机和网络技术的普及，使社会网络化、信息化得到推进，图书馆现代化管理的技术支撑已经齐备。另一方面，与图书馆管理发展有密切关系的各种基础学科也已经快速发展，并与其他学科交叉，使图书馆管理发展的理论基础得到加强，现代图书馆管理的水平获得提高。因此，图书馆在继续加强馆藏资源建设、完善服务设施的基础上，以先进的科技手段和管理思想为依托，正在迅速蓬勃地发展。

近年来，在计算机、网络和通信技术的迅猛发展并广泛应用的基础上，为适应处理大量的数字信息资源的要求，提高网络信息资源的有序发布、组织加工和传递，提高用户查询、检索和获取所需信息资源的效率，数字图书馆理论与技术应运而生，并成为传统图书馆的目标和发展方向。数字图书馆理论与技术为传统图书馆提供了广阔的发展空间和变革与创新的契机，同时提出了严峻的挑战。传统图书馆如何面对挑战，以数字图书馆为目标，充分应用现代信息技术，在日趋激烈的信息服务领域的竞争中立于不败之地，便成为亟待研究和解决的课题。

由于时间仓促和编者水平有限，书中难免存在疏漏和错误之处，敬请广大读者不吝批评指正。

目 录

第一章　数字图书馆理论基础……………………………………………1
　　第一节　数字图书馆的定义……………………………………………1
　　第二节　数字图书馆的理论结构………………………………………6
　　第三节　数字图书馆与图书馆自动化的关系…………………………8

第二章　数字图书馆的发展………………………………………………10
　　第一节　数字图书馆的出现和演变……………………………………10
　　第二节　国外数字图书馆的发展概况…………………………………15
　　第三节　我国数字图书馆的发展概况…………………………………22
　　第四节　数字图书馆的发展趋势与方向………………………………27

第三章　数字图书馆的服务………………………………………………38
　　第一节　数字图书馆服务的特点………………………………………38
　　第二节　数字图书馆的虚拟参考服务…………………………………41
　　第三节　数字图书馆的主动推送服务…………………………………46
　　第四节　数字图书馆的定题服务………………………………………50
　　第五节　数字图书馆的个性化信息服务………………………………53
　　第六节　数字图书馆用户培训…………………………………………59

第四章　数字图书馆管理的创新…………………………………………63
　　第一节　网络的迅速推广与普及………………………………………63
　　第二节　电子信息资源的激增…………………………………………67
　　第三节　相对传统图书馆信息服务的变革……………………………73
　　第四节　图书馆服务方式的转变………………………………………89
　　第五节　数字图书馆管理机制的创新…………………………………94
　　第六节　图书馆创新服务的新理念……………………………………101

第五章　数字图书馆服务模式研究 ······ 111

第一节　数字图书馆服务模式的演变 ······ 111
第二节　网络环境下信息服务模式 ······ 116
第三节　数字图书馆个性化服务模式 ······ 134
第四节　数字图书馆读者服务模式 ······ 143
第五节　网络环境下图书馆服务商业化模式 ······ 149

第六章　数字图书馆云服务系统应用及展望 ······ 154

第一节　云计算概述 ······ 154
第二节　云服务模式 ······ 157
第三节　云计算在图书馆的应用与实践 ······ 158
第四节　"图书馆云"展望 ······ 160

参考文献 ······ 162

第一章　数字图书馆理论基础

随着当代信息技术的飞速发展,以印刷型书刊资料为主要收藏载体的传统图书馆逐渐难以适应信息社会不断增长的信息需求。信息量的激增、信息传输速度的提升以及信息利用的网络化,要求图书馆调整自身的馆藏结构和服务方式,这就促成了数字图书馆的出现。

数字图书馆的概念最早可以追溯到1975年克里斯提在《电子图书馆:书目数据库1975—1976》一书中提出的电子图书馆,现在一般认为电子图书馆是数字图书馆的早期提法,1992年以前大多使用"电子图书馆",1992—1994年间,这两个概念并行使用,1994年以后多用"数字图书馆"。

1994年9月,美国国家科学基金会等单位正式启动实施一项为期4年、耗资2440万美元联合发起的"数字图书馆创始工程",可以视为数字图书馆从概念走向实践的开端。由卡内基·梅隆大学、斯坦福大学、密歇根大学、加州大学伯克利分校、加州大学圣·巴巴拉分校、伊利诺依大学六所著名大学进行的这项"数字图书馆创始"实验开创了数字图书馆时代。

随后,数字图书馆建设热潮席卷全世界。1997年以后,中国图书馆学界也掀起了研究数字图书馆的浪潮。1997年7月,由国家图书馆、上海图书馆、南京图书馆、中山图书馆、深圳图书馆、辽宁图书馆以及原文化部文化科技开发中心联合承担的"中国实验型数字式图书馆"项目经国家计委批准立项,成为国家重点科技项目,标志着中国数字图书馆建设拉开序幕。

尽管数字图书馆已经成为图书馆学界的一个研究热点,然而关于"数字图书馆"却至今未有公认的定义,也缺乏公认的基础理论。下面是根据教学需要而建立的一个理论系统。

第一节　数字图书馆的定义

关于数字图书馆的定义,国内外众说纷纭,这里提供一些有代表性的观点,主要包括国外以研究图书馆协会（ARL）、美国数字图书馆联盟（DLF）和美国数字图书馆问题研究方面的专家为代表的观点，以及国内部分学者为代表的观点。

一、国内外代表性定义

研究图书馆协会是由美国、加拿大的121个主要学术图书馆组成的一个专业协会，以每年公布 ARL 统计报告闻名。该协会于1995年10月给出了一个要素列举式的数字图书馆定义：

数字图书馆不是一个单一的实体。

数字图书馆需要链接许多信息资源的技术。

多个数字图书馆及信息机构之间的链接对最终用户透明。

全球范围存取数字图书馆与信息服务是一个目标。

数字图书馆的收藏并不局限于文献的数字化替代品，还扩展到不能以印刷形式表示或传播的数字化人造品。

数字图书馆联盟是由美国一些著名大学和重要图书馆联合成立的数字图书馆学术组织，数字图书馆联盟于1998年提出的数字图书馆定义：数字图书馆是一个拥有专业人员等相关资源的组织，该组织对数字式资源进行挑选、组织、提供智能化存取、解译、传播、保持其完整性和永存性等工作，从而使得这些数字式资源能够快速且经济被特定的用户或群体利用。

这一定义将数字图书馆规定为一种具有特定功能的组织机构，同时强调了数字式资源是数字图书馆的核心。

美国数字图书馆专家认为，数字图书馆是具有服务功能的整理过的信息收藏。其中信息以数字化格式存储并可通过网络存取。该定义的关键在于信息是整理过的。

这一定义将数字图书馆界定为一种信息收藏，兼顾了数字式资源和网络服务，并强调了数字图书馆信息管理的简洁性和综合性较好。而国内对于数字图书馆的认识也首先体现在定义问题上。

例如，数字图书馆是以电子格式去存储海量的多媒体信息并能对这些信息资源进行高效的操作，如插入、删除、修改、检索、提供访问接口的信息保护等。这是一个强调技术的数字图书馆定义。

再如，可以给数字图书馆下一个比较宽泛的定义：数字图书馆是社会信息基础结构中信息资源的基本组织形式，这一形式满足分布式面向对象的信息查询需要。其中"分布式"和"面向对象"的含义可以简单地理解为前者指跨图书馆（跨地域）和跨物理形态的查询，后者指不仅要查到线索（在哪个图书馆），还要直接获得要查的东西（对象）。这个定义是说目前的图书馆是社会信息资源的一种主要组织形式，满足了人们借阅书刊等基本信息的需要。这是一个在传统图书馆与数字图书馆相互参照的基础上提出的数字图书馆定义，具有一定的综合性。

有关数字图书馆的定义还有：

数字图书馆是图书馆在线服务系统。

数字图书馆是以数字形式存储和处理信息的图书馆。

数字图书馆是以数字形式提供信息服务的机构或组织。

数字图书馆是指图书馆所有的工作流程都基于计算机，而且馆藏资源都实现了数字化。

数字图书馆就是图书馆馆藏实现数字化管理，并提供上网服务，供读者随时随地查阅。

数字图书馆是指通过多种技术将各种文献数字化，并将其组织起来在网上提供信息服务的信息中心或数据库。

数字图书馆实际就是人们所说的电子图书馆、虚拟图书馆、无墙图书馆，不同的称谓只是人们从不同的角度描述数字图书馆的特征。

数字图书馆是一个数字化系统。它将分散于不同载体、不同地理位置的信息资源以数字化的形式储存，以网络化的方式互相连接，提供即时利用，实现资源共享。其核心是数字化和网络化，其实质则是形成有序的信息空间。

数字图书馆是一个大系统，它拥有分布的、大规模的和有组织的数据库和知识库，用户或用户团体可对系统内的数据库和知识库进行一致性的访问，从而获得自己所需的最终信息。

数字图书馆能够为国家信息基础设施提供关键性的信息管理技术，同时提供主要的信息源和资源库。换言之，数字图书馆是国家信息基础设施的核心。

数字图书馆一般而言，是指利用当今先进的数字化技术，通过计算机网络，使人数众多且又处在不同地理位置的用户能够方便地利用图书馆资源。

所谓数字图书馆，就是对有价值的图像、文本、语音、影视、软件和科学数据等多媒体信息进行收集、组织和规范再加工，通过网络提供高速横向跨库连接的多媒体信息存取服务，促进社会各类信息高效、经济地传递，从而极大地方便人们的学习、交流和生活。

值得注意的是，数字图书馆与传统图书馆有着不可分割的联系。传统图书馆是数字化时代前人类社会知识文化的信息中心，数字图书馆虽然可以把传统图书馆中各种载体的文献信息内容数字化，但不能替代文献载体本身，也不能提供传统图书馆特有的阅览环境等。数字图书馆不仅要选择性地对已有的文献资源进行数字化，而且要处理新生的数字信息资源并开辟利用图书馆的新渠道、新方式和新技术。因此，没有必要摆脱传统图书馆而去另建新的数字图书馆，传统图书馆是数字图书馆的基础，数字图书馆是传统图书馆的发展，二者相互结合，构成混合图书馆。

二、数字图书馆特征

笼统地讨论数字图书馆的定义很难全面系统了解数字图书馆，但若抓住数字图书馆的特征，也就掌握了数字图书馆的本质，进而获得更加全面和准确的数字图书馆定义。而数字资源、网络服务和特色技术是数字图书馆最主要的三大特征。

（一）数字资源

数字资源是指图书馆中所有数字形式的信息资源，包括经过数字化转换的文献或本来就是以数字形式出版的信息。这些数字资源是数字图书馆的"物质"基础，也是数字图书馆有别于传统图书馆的一大特征。数字资源从类型来看，包括期刊、图书、工具书、视频资料、声频资料等；从文件格式来看，包括从位图形式的页面到经SGML（标准通用置标语言）编码的特殊文本文件，也有CD-ROM（只读光盘）中的信息或本地局域网中的资源等。能同时处理多媒体化的数字资源是数字图书馆在技术上的一个典型特征。

虽然数字图书馆的目的是直接提供读者所需的最终信息，而不只是二次文献，但也需要书目数据、索引文摘等二次文献，因此二次文献也是数字图书馆数字资源的一种类型。

（二）网络服务

高速数字通信网络是数字图书馆得以存在的基础。数字图书馆的对内业务组织和对外服务都是通过网络进行，网络是数字图书馆的生命线。基于网络运行的数字图书馆只有通过网络才能提供服务，这也是数字图书馆不同于传统图书馆的一大特征。没有网络，就没有数字图书馆；网络中断，数字图书馆的服务也会随之中止。因此，保证网络通畅是数字图书馆运行的关键。

测量网络性能的主要指标是带宽，承载多媒体信息的带宽要求最好在Gbps（千兆以太网）（1000Mbps）量级以上，也就是通常所说的千兆网或宽带网。网络技术发展很快，当前网络技术支持的带宽正向Tbps（太比特）（1000Gbps）量级扩展。

（三）特色技术

数字图书馆除采用通用计算机技术和网络技术外，还有自己的特色技术，这是数字图书馆有别于其他技术领域的特征。现有特色技术包括分布式资源与运行管理技术、海量信息存储与组织技术、多媒体信息标引与检索技术等，建立特色技术的国际标准是数字图书馆建设的重要内容之一。

标准的重要性不言而喻，众所周知，有了全球共同遵循的传输控协议/网际协议（TCP/IP）协议，才有互联网的今天。数字图书馆技术也需要一套公认的标准，积极参与数字图书馆技术标准的选择和制定对中国发展数字图书馆至关重要。当前，在数字图书馆研究与建设方面，中国拥有与西方发达国家站在同一起跑线上的机会和不相上下的技术水准，这对参与国际数字图书馆技术标准的制定极为有利。

三、基于数字图书馆特征的数字图书馆定义

在明确数字图书馆的数字资源、网络服务和特色技术三大特征基础上，可以将数字图书馆定义为：数字图书馆是同时具备数字资源、网络服务和特色技术三大特征的图书馆。也就是说，拥有数字资源、实行网络服务和具备特色技术的图书馆就是数字图书馆。

此外，有必要区分电子图书馆、网上图书馆、虚拟图书馆等几个与数字图书馆相关的概念。许多文章把这些概念当作同义词，但有必要区分其不同的侧重点，这对深入研究数字图书馆有一定意义。

电子图书馆：收藏品多为光盘、磁盘等有形载体，一般通过单一计算机阅读或存取，不强调提供网上信息或网络服务。

网上图书馆：将一定量的信息通过网页组织起来供用户查阅和检索。网上图书馆可以没有对应的图书馆实体，其内容可以作为数字图书馆的组成部分。

虚拟图书馆：是网上图书馆的集合，在网上才能存在，不拥有实体性的数字资源，一般通用网络技术就能构造，而不必采用特色技术，可作为数字图书馆的延伸。

因此，我们应当注意将传统的图书馆服务搬到网上去并不就是数字图书馆，而将馆藏资源进行大规模数字化后也不一定是数字图书馆。数字图书馆就是要用特色技术将数字资源组织起来并提供网络服务，数字资源、网络服务和特色技术三大特征缺一不可。在传统图书馆的基础上可以发展出数字图书馆，数字图书馆往往拥有传统实体图书馆作为后盾，但数字图书馆并不是要取代传统图书馆。

定义问题的讨论向来比较学究气，然而数字图书馆研究不可避免会涉及基本概念的定义问题。基本概念是研究和立论的基础，一个新的概念可能带来一个新学科或新研究领域的诞生；基本概念也是基础理论和研究工作的基石，故讨论数字图书馆的定义是必要和重要的。

第二节　数字图书馆的理论结构

既然数字资源、网络服务和特色技术是数字图书馆的主要特征和理论核心，那么数字图书馆的理论框架可由数字资源、网络服务和支持技术构成。

一、数字资源

数字图书馆中的数字资源有以下两大来源：

（一）印刷资源的数字化

对于版权已过期的图书、文献、资料，可以采用扫描、光学字符识别（OCR）等处理技术进行数字化，从而形成数字资源的基础部分，这类资源以经典著作和古代文献为主。

（二）原生数字资源

除将已有的文献信息资源数字化外，现在原生数字信息资源已经越来越多，尤其是学位论文、技术报告、会议记录等。而且，现在出版业已经实现数字技术处理。图书、期刊的出版都是先有数字化版本，再生成印刷本。因此，作为信息资源主体的传统图书、期刊正在被数字图书、数字期刊所代替，原生数字资源正逐步成为数字资源的主体。

二、网络服务

在数字图书馆数字资源、网络服务和特色技术结构框架下，数字图书馆的网络服务模式可以分成被动服务和主动服务两类。

（一）被动服务

既然社会为建设数字图书馆投入了大量人力、物力和财力，那么不管是否情愿，数字图书馆都责无旁贷要提供服务，这就是被动服务。不过，被动服务也是数字图书馆网络服务的基础方式，其特点是不考虑用户的个别要求，具体实现形式一般是采用无交互网站模式。

无交互网站作为数字图书馆被动服务的主流模式，是一种单向信息传递模式。在这样的模式中，数字图书馆将数字资源以网页形式和数据库形式"放置"在网络上用户自己"取用"。数字图书馆除在网页上提供使用指南信息外，不再提供附加服务，服务形式对所有用户千篇一律，系统处于主动地位，用户处于被动地位，信息从资源到用户单向流动。显然这是最初级的网络服务模式。

改善被动服务的技术方法是通过纯粹电子邮件或网络表单方式向用户提供附加信息资源或解答用户提问，这是最简单的被动服务改良模式，可以为用户提供便捷、经济的通信渠道。

纯粹电子邮件方式只要在数字图书馆主页上设置图书馆馆员的电子邮箱地址链接就能做到用户可以通过电子邮件将问题发送给相应图书馆馆员，图书馆馆员再以电子邮件方式将答案发送给用户，构成一种单向延时服务模式。这种方式所要求的技术含量并不很高，所以很容易实现，对于技术条件有限、不能主动服务的数字图书馆来说不失为一种简单易行的改良被动服务方式。

网络表单方式是电子邮件改良被动服务在网络上的再现，它要求用户填写一个网络表单，然后通过后台电子邮件将该表单发送给图书馆馆员，图书馆馆员在规定的时间内，用电子邮件或电话答复用户，这是被动服务向主动服务转化的一种中间模式。

（二）主动服务

主动服务是数字图书馆网络服务的高级方式，其特点是考虑用户的个别要求，具体实现形式一般是通过交互式网站形式。

交互式网站形式具体可分为双向交互问答模式和个性化信息推送模式，其中 MyLibrary（数字图书馆的个性化服务）技术正在成为主流。

1. 双向交互问答模式

在这样的模式中，数字图书馆可以根据用户的请求组织资源，服务形式根据用户需求变化，系统和用户处于同等地位，信息在系统和用户之间双向交流。该模式在技术上可以通过 Chat（网上聊天室）形式实现。

Chat 形式：在线聊天形式，是一种实时交互式服务，起源于 1999 年美国宾夕法尼亚大学商学院采用聊天软件 Live Person 提供实时信息咨询。该软件类似可定制的私密聊天室，可装载于图书馆或第三方服务器上，并在图书馆主页上设置进入链接点。

2. 个性化信息推送模式

在这样的模式中，用户可以根据自己的需求和爱好自行设计数字图书馆界面并定制数字图书馆资源，用户处于主动地位，数字图书馆系统居于从属地位，数字图书馆只是在技术上按照用户的个性化需求定制并主动推送信息。实现个性化信息推送模式的现有途径是 My Library 技术。利用该技术，用户可以设计个性化的数字图书馆，产生适合自己需要的熟悉界面；数字图书馆则根据用户定制去组织并推送数字资源，将用户选定的专题资源定期主动提供给相应用户，真正实现了资源、技术与服务的密切结合和良好配置。因此，My Library 技术是目前实现个性化信息推送模式的主流技术。

从单向信息传递模式到个性化信息推送模式，一方面体现了技术的进步，另一方面也越来越多地将控制权和主动权交给用户，用户技术水平和应用水平越高，使用效果也就越好。同时，资源管理方也应重视对数字资源的整合和对操作方法的优化，使数字图书馆的网络服务具有保障。

三、支持技术

无论是数字资源，还是网络服务，都需要支持技术。数字图书馆涉及的技术包括通用信息技术和专用创新技术，即特色技术。

（一）通用信息技术

建设数字图书馆所需的通用信息技术主要是计算机技术、网络技术和信息安全技术。当前，计算机技术、网络技术和信息安全技术都在高速动态发展之中，每个技术突破都可能变革数字图书馆技术。

（二）专用创新技术——特色技术

建设数字图书馆所需的专用创新技术涉及数字信息处理与加工技术、海量信息存储与组织技术、分布式资源与运行管理技术、多媒体信息标引与检索技术、信息挖掘技术、个性化信息定制与发布技术、信息可视化与读者界面技术、信息安全技术、数字权益管理技术等，其中数字信息处理与加工技术、海量信息存储与组织技术、多媒体信息标引与检索技术、分布式资源与运行管理技术、个性化信息定制与发布技术等对于数字图书馆都非常重要。

技术不仅是数字图书馆的重要支柱，而且是联系资源与服务的纽带。在数字图书馆的资源处理和网络服务各方面都不能缺少技术支持。

第三节　数字图书馆与图书馆自动化的关系

数字图书馆理论涉及的另一个问题是数字图书馆与图书馆自动化的关系。对此，有学者提出图书馆自动化系统发展的"三阶段说"认为图书馆自动化系统发展的第一阶段是以单一图书馆计算机管理系统为标志的初级阶段；第二阶段是以网络化为标志的电子文献服务阶段；第三阶段就是以数字图书馆为标志的高级阶段。数字图书馆的研究和发展将形成数字图书馆的三种主流模式：特种馆藏型模式、服务主导型模式和商川文献型模式。其中服务主导型数字图书馆的体系结构以三种主要数字资源（图书馆本身的数字化特种馆藏、商用的网上联机电子出版物或数据库、在互联网上有用的文献信息资源）为基础，由统一信息访问平台、网上参考咨询平台为两翼组成。统一信息访问平台主要解决异构平台的信息资源检索，向用户提供方便检索的统一界面，提供不同数字图书馆的互操作；网上参考咨询平台主要解决用户在访问数字图书馆时的疑问，这两个平台对一个实用的数字图书馆来说是不可缺少的，在系统结构上有些是相互渗透的。

回顾图书馆自动化的发展历程，可以发现，图书馆自动化一直强调目录、索引等书目信息，以及检索工具编制和使用的计算机化，并不强调图书馆馆藏图书、期刊及其他类型文献本身的存储、管理、检索和使用的计算机化。书目工具是帮助确定馆藏的，既然书目工具已经实现计算机化，那么，按照图书馆自动化发展阶段的逻辑顺序，下一步就应当是馆藏存储和检索的计算机化，即数字化，而这正是数字图书馆的一个重要特点。从这个意义上说，数字图书馆是图书馆自动化的高级阶段。

我们认为数字图书馆与图书馆自动化系统的总体关系是：图书馆自动化是数字图书馆的基础之一，数字图书馆中的数字化书目信息就来源于图书馆自动化系统。尽管图书馆自动化系统在资源和技术上对当今数字图书馆体系贡献不多，但实现图书馆自动化是建设数字图书馆的必经阶段。图书馆自动化是在传统图书馆理论框架下应用计算机技术来改善图书馆服务与管理，而数字图书馆却是在理论与技术上超越传统图书馆的新发展，其意义和影响将更加深远。

总之，数字图书馆的出现和发展动力并不完全是源自图书馆自身，而更多的是信息化社会不断发展和推动的结果。图书馆学界应该利用数字图书馆的发展契机加快图书馆事业的发展步伐。尽管对于数字图书馆的认识还很不一致，但数字化对图书馆的深刻影响却是事实，数字图书馆是图书馆发展的一种必然趋势，必将成为新时代图书馆事业发展的主旋律之一。因此，建立在数字资源基础上、靠技术支持运行、通过网络提供服务的数字图书馆将具有丰富的研究内容和广阔的发展前景。

第二章　数字图书馆的发展

第一节　数字图书馆的出现和演变

一、数字图书馆的产生背景

图书馆的发展和演变离不开内部环境的驱动力和社会环境的推动力。内部环境主要是指社会对图书馆的需求所产生的驱动力，促使其改变传统图书馆的服务环境，实现图书馆的数字化和自动化；社会环境的变化主要包括社会经济结构、信息技术结构、文化结构的变动，进而推动图书馆的发展和演化。数字图书馆的产生与发展主要源于两种力量的推动：一是图书馆自身在现代技术条件下资源共享的内在要求；二是计算机因特网的发展对数字信息进行有序化、结构化组织的要求。

（一）数字图书馆产生的内在因素

数字图书馆产生的内在因素之一是印刷型文献的保存问题。传统印刷型文献存在着变质和自然老化等特点，加上各种自然灾害和人为损坏，印刷型文献面临着危机和损失，必须利用现代技术将图书馆保存的书刊资料进行数字化。数字图书馆产生的内在因素之二是文献信息的利用问题。图书馆存在的目的是为用户服务，但长期以来，信息服务的层次较低、手段落后，图书馆必须实现数字化才能使信息传递更快捷、更方便，服务内容更具时效性和针对性，以满足社会化需求。

（二）数字图书馆产生的外在因素

1. 文献信息资源的剧增

20世纪90年代以来，出版物的数目在不断增长，各种数据库的数量也在迅速增加，容量不断扩大，种类也趋于多样化。光盘出版物作为单独发行的电子信息资源的主流，内容丰富，种类繁多，具有多媒体功能。但这些信息利用效率不高，重复严重，因此有必要利用现代信息技术进行管理。

2.信息高速公路的建设和因特网的发展

20世纪70年代，图书馆逐步利用计算机进行日常管理；20世80年代末，图书馆自动化系统逐步得到应用，这大大提高了图书馆的工作效率，但由于受地域的影响，其资源的利用范围很小，在资源共享、远程检索等方面还存着许多问题。随着网络通信技术的不断发展，数字图书馆应运而生。高速的数字通信网络是数字图书馆存在的基础，只有网络进一步发展，才能发挥数字图书馆的作用。分布式管理是数字图书馆发展的高级阶段，它意味着通过因特网可以把全球的数字化资源联为一体。

3.数字化技术的发展

图书馆数字化技术的直接动因主要有两个：一是信息载体的数字化；二是信息传播的网络化。数字技术是实现数字图书馆的支撑技术，信息要在网络上传输，必须先把各种形式的信息数字化，并加以编辑、加工、组织、存储，再运用数字传输技术加以传递，并在需要时将这些数字化信息再还原。数字化技术包括：

（1）信息存储技术

近年来，随着存储技术的发展，在扩大硬件容量的同时，充分发挥软件的潜力，存储的能力越来越强。

（2）数据库技术

数字图书馆的庞大数字化信息经过规范化处理后，需要以数据库的形式存储起来，目前需要采用数据压缩技术、多媒体同步技术、多媒体智能技术等来解决数据库技术问题，数据库技术日趋成熟。

（3）信息传输与通信技术

数字图书馆要通过网络通信技术把各地的海量信息聚集起来提供给用户使用；同时必须加强信息资源的管理和引导服务，对大量的网上资源进行有效的组织，以增加信息服务的选择性和针对性。近年来，网络设施的发展越来越普及，为数字图书馆的发展提供了环境。

（三）数字图书馆发展的社会背景

1.数字图书馆是社会信息化发展的必然产物

在现代社会中，信息资源成为战略资源，信息产业发展迅速，为图书馆发展提供了良好的机遇。数字图书馆实际上就是伴随着网络的迅速发展而产生的，它体现了数字化社会对信息共享和信息开放的根本要求，是社会信息化发展的必然产物；数字图书馆建设使人类社会信息资源的共享达到一定高度，为文化传播打开了一扇新的大门。如同工业经济离不开交通和能源一样，数字图书馆也是高科技经济的基础设施和必要条件，数字图书馆所收藏的各类信息对于知识经济的整个过程都是必不可少的。数字图书馆凭借高新技术可以快速地传播文化知识，从而不断推动全民族文化素质的提高，促进社会的进步和发展。

2. 数字图书馆是评价一个国家信息基础水平的重要标志

自从1993年美国国会图书馆与因特网连接，宣布它将迈向数字化时代以来，世界各国开始把图书馆列为信息高速公路的重要组成部分，纷纷加强对数字图书馆的研究。1993年美国提出"国家信息基础结构"（NII）行动计划，继而又提出建设"全球信息基础设施"的主张，将信息高速公路建设置于美国技术政策和产业政策的核心位置，在世界范围内引起了强烈反响。一方面，互联网的信息资源作为NII的五大要素之一，与具有大量信息资源的数字图书馆关系密切，而且数字图书馆是NII的重要应用信息系统，为信息高速公路建设所需技术奠定了数字图书馆建设的技术基础。另一方面，数字图书馆的目的之一是使用户能够通过网络联机存取图书馆的信息资源，因特网的推广和普及为数字图书馆提供了现实的网络环境。

3. 数字图书馆是新时代全球文化竞争的焦点之一

在网络时代，谁最先掌握了技术和资源库，谁就掌握了先机。数字信息资源的网上交流具有先天的优势，它拥有一个非常庞大的潜在受众群体，这种竞争既是科学技术的竞争，也是文化和意识形态的竞争，更是知识经济时代的市场竞争。因此，大力加强数字图书馆建设，其意义和影响将是深远的，它是参与国际竞争的坚实文化保障系统，而且为国家创新体系的建立提供了充足的信息流通环境；中国数字图书馆在激烈的网络文化竞争中，为弘扬中华民族优秀文化，抢占因特网上中文信息资源的制高点，将中国文化推向世界发挥着积极的推动作用。数字图书馆建设工程对于力争在未来的全球性竞争中取得主动权具有重要的社会和经济意义。

4. 数字图书馆建设有利于带动相关行业的发展

数字图书馆工程不仅是高科技项目，也是跨部门、跨行业的大文化工程。在1995年美国政府蓝皮书中，数字图书馆被认为是"国家级挑战"，被置于国家信息基础设施的高度上通盘考虑。这种政策上的倾斜引起了美国科学界、产业界的高度重视，也带动了许多行业在资金上的投入。数字图书馆工程的启动必将带动相关产业，特别是信息产业和文化产业的蓬勃发展，并通过知识的有效传播，最终关联到各行各业，从而产生巨大的经济效益和社会效益。

二、数字图书馆的产生和演变过程

数字图书馆就是对有价值的文本、图像、语音、影像、软件和科学数据等多媒体信息进行收集，组织规范性的加工，进行高质量保存和管理，实施知识增值，并提供在广域网上高速横向跨库连接的电子存取服务。它的特点是：收藏数字化、操作电脑化、传递网络化、资源共享化和结构连接化。数字图书馆的形成过程主要包括以下几方面：第一，文献资源数字化。数字图书馆的资源都是数字化的信息，将现有的文献资源数字化是建设数字图书馆必不可少的一步。第二，数字资源的集成。数字资源的集成是指利用信息组织和集成手段来对数字化后的各种资源进行整合。第三，数字资源的共享。数字资源的互联和共享主要是指通过因特网使各个图书馆之间实现了资源共享，也使读者能通过因特网来访问各种数字资源。数字图书信的发展大致经历了如下阶段：

（一）早期的数字化技术和概念探索阶段

数字图书馆的构想最早可以追溯到 1945 年，其中较早而影响最大的是美国著名的科学技术管理学家布什。1945 年 1 月，布什在《大西洋月刊》上发表《诚如我们想象的那样》一文。文中，他首次提出将传统图书馆馆藏文献的储存、查找机制与当时刚刚问世的计算机结合起来，构思并描述了所设想的一种 Memex（扩展存储）装备，它是一个机械化的个人文档与图书馆，即台式个人文献工作系统，能存储他所有的书、记录及通信。Memex 装置运用计算和缩微技术实现文件的相关链接，其实它是一个个人信息检索系统，被公认为计算机辅助检索的先驱。这一构想的提出被视作包括今天的数字图书馆在内的图书情报学理论与实践的发端，Memex 被看作情报系统的超文本技术的前身。布什观点的重要之处不在于他所称的"机械和装置"，而是他的两个构想：首先必须有能及时得到所需信息的设备；其次是读者自己就能检索这组信息，可见，Memex 对个人用户的信息存取来说是一种理想的模型。文本储存和检索技术是数字图书馆得以实现的两大技术，而现代意义的储存检索系统是在计算机技术不断发展的前提下才得以实现的。从 1965 年到 1973 年，美国麻省理工学院进行了计算机辅助标引实验，建立了 Intrex 数据库，将文章储存在缩微胶片上，利用联机储存目录和索引进行检索。1969 年，美国桑迪亚国家实验室开发出有关科技文献的全文储存和检索系统。储存电子图文的技术引起图书馆界及其他方面的注意，预示一个新的信息储存方式的到来。1969 年，美国国会图书馆正式发行机读目录，这是图书馆进入自动化的标志。1975 年，美国图书馆学家克里斯汀出版了《电子图书馆：书目数据库（1975—1976）》一书，首次提到了"Electronic Library"这个名词。到了 20 世纪 70 年代中期，美国出现了许多用于图书馆储存、标引、检索的软件，其中较为有名的是 IBM 的 STAIRS 储存检索系统。1978 年，美国著名图书馆学家兰卡斯特出版了《通向无纸社会的情报系统》和《电子时代的图书馆与图书馆馆员》两部著作，论述了电子图书馆的前景。1982 年，美国国会图书馆开始研究用光盘储存馆藏，这是文献数字化的前奏。美国人道林首次对"电子图书馆"这一概念给出明确定义，他在 1984 年出版的《电子图书馆：前景与进程》一书中写道："所谓电子图书馆是一个提供存取信息的最大可能性并使用电子技术增加和管理信息资源的机构。"1988年，美国国家科学基金会的伍尔夫撰写的国际合作白皮书提出"数字化图书馆"的概念。1989年，吉比与伊文斯在《网络就是图书馆》一文中指出："理想的电子图书馆并非一个存储一切信息的单个实体。它通过网络提供系列化的收藏和服务。"1992年，大英图书馆外借部计算机与数据通信工作组负责人哈利把虚拟图书馆定义为"利用电子网络远程获取信息与知识的一种方式"。由此可见，20世纪80年代末90年代初，计算机、通信技术的发展为更大规模信息系统的开发提供了广阔的空间，许多研究者从多方位多角度进行了研究，对数字图书馆的设想更加具体化，"电子图书馆""虚拟图书馆""无墙图书馆"等概念纷纷被提了出来。电子图书馆是数字图书馆的早期提法，它反映了所应用技术的特点；虚拟图书馆则强调了网上数字化资源，而未突显图书馆的数字化特点；无墙图书馆突出了利用范用和效果。

（二）图书馆自动化管理系统的研究

早在20世纪80年代末，美国一些大学和知名公司开始研制开发大型的图书馆自动化管理系统。凯斯西储大学和IBM电脑公司合作开发出图书馆管理系统，用电子图文和多媒体技术处理说明性研究资料，并开发出四种应用模型，其中一个系统还可以把乐谱数字化储存。1988年年底，美国国家科学基金会发起了"水星计划"，该计划的主要目标是利用现代技术建立一个规模较大的电子图书馆演示模型，内容还包括各种文献载体数字化和信息服务研究、版权、电子图书馆投资等问题。1989年，卡内基·梅隆大学开始进行电子图书馆研究，作为图书馆自动化的一部分，其项目目标是建立一个电子传输全文系统。同时，康奈尔大学、化学文摘社、联机计算机图书馆中心（OCLC）等机构也着手建立"化学联机检索实验"（CORE）。CORE数据库使用电子图像和嵌入标准通用标识语言（SGML）的ASCn文本储存字符文件、图像、化学结构、公式和插图。1991年，伊利诺斯技术学院的国际关系图书馆开始进行电子文献储存项目，用来储存国际关系和商业活动方面的资料，后来该图书馆成为联合国和欧共体出版物的指定储存单位。1993年，哥伦比亚大学开始了"两面神（Janus）计划"，提供联机检索法律文献，文献以字符形式储存，以便进行全文检索。同年，AT&T贝尔实验室、加州大学旧金山分校合作研究电子期刊传播系统，使得加州大学的师生能检索、显示和打印电子期刊的文章的全文图像。

（三）数字图书馆研究计划的启动

美国于1993年通过了电子图书馆法案，其目的是利用公共图书馆、电子数据库以及像因特网和其他对公众开放的网络一样的远程通信系统,并且提供由稳固可靠的电脑程序所支持的搜索和检索服务,包括智能查询工具、搜索策略规划辅助、引导用户并利用电子图书馆资源提供教育和培训课程的机制。1994年,美国国家科学基金会联合其他单位正式实施"数字图书馆创始"计划,这个计划的主要目标是使收集、存储和组织数字化信息的技术手段得到较大提高,并使数字化信息通过网络被查询、检索和处理,且有一个统一的用户友好界面。其后还有"美国记忆"——美国国家数字图书馆规划以及在此规划的基础上美国国会图书馆斥巨资进行的图片资料数字化。英国、日本、新加坡以及欧洲的一批大学也纷纷开始了联合开发数字图书馆的项目。

(四)数字图书馆的建设与利用

21世纪以来,世界各国的数字图书馆建设有了较大的发展,许多已经投入实际的应用。在这一时期研究的重点也不再单纯地局限于技术,而是把研究范围扩展到更宽广的领域,如研究数字图书馆的经济、社会、法律、政策框架,制定信息共享格式与国际标准,数字图书馆网站的可靠性和稳定性,经济因素和商品化等。

第二节　国外数字图书馆的发展概况

一、美国数字图书馆的发展

(一)美国数字图书馆的发展概况

美国对数字图书馆的建设最为重视,起步最早,取得的成果也最多。早在1982年,美国国会图书馆就开始了光盘实验项目,旨在探索电子文献图像技术和光盘存储在图书馆文献保存中的应用。1992年,美国在制定"高性能计算机与通信"(HPCC)国家攻关项目中,将发展数字图书馆列入"国家级挑战"。1994年,国会图书馆获1300万美元资助用于将其全部馆藏数字化,目的是使国会图书馆成为信息高速公路上重要的信息源。1995年实施的"美国记忆"项目把反映美国历史、文化和立法方面的照片、文字手稿、音乐、电影、图书、图片、乐谱等资料转换成电子格式供网上检索,至今已有21万件资料实现了数字化转换。该图书馆还有一个宏伟的设想:建设一个国家数字图书馆,将全国所有的公共图书馆、研究图书馆所收藏的各种载体形式的文献资料全部转换成数字信息,通过网络传输,使任何一位读者都能够存取和利用。

（二）美国数字图书馆创始计划第一期工程（DLI-1）

美国国家科学基金会等资助的数字图书馆预研工程主要研制发展数字图书馆的最新技术，即解决从因特网的信息中有效检索所需信息时遇到的技术难题。研究重点主要集中在三个方面：

（1）发展数字信息收集、储存和组织的技术和手段。

（2）研制通过因特网进行信息检索的技术。

（3）优化数字信息处理过程的用户界面。

该项目采用分工合作的研究方式，分别由六所大学各自研究一个子项目，其具体分工和课题内容如下：

1. 加州大学伯克利分校：环境科学数字图书馆

主要对有关加利福尼亚州自然环境的数字文献、图像、地图和表格数据进行数字化收藏。内容包括来自州和地方机构的环境规划、报告和自然资源图片，有关全州水资源的数据，加利福尼亚可辨认的植物等。重点开发一个处理环境信息的数字图书馆模型，收集各种关于环境方面的信息，最终放大成为"加州环境资源评估系统"项目，开发出一种让未经培训的用户也能够在世界范围的其他数字图书馆查找有关资料信息的智能系统。技术重点在于解决自动标引、智能检索、数据的采集压缩、图像处理以及适用于远程浏览的通信技术。

2. 斯坦福大学：集成数字图书馆系统

该项目主要研究因特网上异构信息源之间的可互操作性，目标是建立一个模块化结构，使得在数字图书馆的建设中可以插入异构的模块。开发研究一个单独的集成"虚拟"图书馆系统，对网络中出现的大量信息和电子由版物提供统一的查检手段，它将创造一个共享环境，将各种信息资料联系在一起。研究重点是信息共享、通信模式、用户界面和信息查找服务。

3. 加州大学圣·巴巴拉分校：亚历山大数字图书馆

主要致力于解决建造有关地质空间多媒体信息的分布式数字图书馆所需要面对的一些关键问题。亚历山大数字图书馆的地理信息系统可以查找各种以空间为参考的信息，如地图、卫星图像等。此项目要研究开发一个数字图书馆，提供以简便的方法检索大量不同的地图、图像和照片资料以及一系列新型的电子化图书馆服务。

4. 密歇根大学：多媒体数字图书馆

该项目将进行合作研究，开发一个不断运行、评价、完善和持续发展的多媒体数字图书馆，内容主要以地球和太空科学为主，重点收集有关地球和空间探索的信息，技术重点是智能代理技术和Z39.50的应用。该项研究工作使用了智能代理技术，通过建立代理结构去合并各种分散的资源，能使用户查询各种包含文字、图像、图形、视频、音频的数据库,还能控制内容的发布和对使用有复制权的资料进行收费。

5. 伊利诺依大学:工程和科学数字图书馆

该项目利用该校已经建成的工程图书馆为实验基地,使因特网的检索工具客户化,提供数字化的工程和科学方面的期刊,以 SGML 格式存储了自 1995 年以来出版的工程学、物理学和计算机科学期刊中的文章全文。实验平台的工作人员已经开发出软件,为每份全文记录创立元数据并加以索引、前进与后退链接,以及通往摘要和索引服务数据库的链接。实验平台从出版社直接获取 SGML 格式的文章,计划将 SGML 数据库整合为架构更好的 XML 格式。元数据将被转换为 RDF 格式,以便与都柏林核心标准相兼容,并作为都柏林核心拓展链接特征的模式。实验平台主要解决的问题是发展语义检索技术,设计将来可扩充的信息系统原型,实验支持全文,包括文本、数字、图表和公式等进行查找和显示的软件。

6. 卡内基·梅隆大学:综合信息媒体数字图书馆

该项目建立一个交互式联机数字视频图书馆系统供教育及训练使用。技术重点是智能检索技术、自然语言及影像理解技术、网络上的隐私权与安全性问题。将创建一个联机数字视听图书资料系统,使用户能查找、检索数字和科学方面的档案音像资料,该综合信息媒体包括语言、图像、语音识辨技术。主要研究数字图书馆中如何存储、表示、分类、索引和检索多媒体信息的问题。其目标是建立一个大规模的联机数字影像图书馆,实现全内容的、基于知识的查询检索。系统运用了比较成熟的自然语言理解、语音识别、图像理解技术,从而使用户可以非常方便地对音像资料进行查询,甚至是口头的查询。

(三)美国数字图书馆创始计划第二期工程(DLI-2)

DLI-2 的目标是要促进全球分布式网络信息资源的开发和利用,重视研究成果向应用的转化,在美国乃至世界数字图书馆的基础研究中起到主导作用。DLI-2 明显扩大对数字图书馆领域不同学科的支持,包括人类学、生物医学信息、计算机科学、经济、美术、地理学、地质科学、电子工程、环境科学、历史、信息管理、信息研究、语言技术、图书馆及信息科学、语言学、管理信息系统、政治学、心理学、社会学等。DLI-2 强调数字图书馆是以人为中心的系统,注意相互合作能力和技术综合能力,对内容和收藏的发展与管理、应用和操作的基础结构,以及对在特定专业领域,在经济、社会、国际环境中的数字图书馆的理解。DLI-2 向 21 个以上的项目组提供了 4400 万美元的资助,DLI-1 中的一项目在 DLI-2 中继续得到资助。DLI-2 试图拓展在 DLI-1 中进行的研究,将数字图书馆研究延伸至更多类型的内容、媒介或平台,以及更广泛的技术领域,内容供应商也在 DLI-2 的参与者之列,从而保证了研究者能够在一种以馆藏和用户为中心的环境下在实验平台上操作新的技术。国家科学基金会还启动了国际项目，在国际范围内支持合作研究。DL1-2的研究项目涉及学科面很广，技术面也很宽，为了便于说明，按其设想分为三个方面，即以人为中心的研究、以内容和收藏为基础的研究、以系统为中心的研究。

二、其他国家的数字图书馆发展概况

（一）日本

早在1985年，日本邮政省首先提出了电子图书馆的构想，计划在东京和大阪之间建立了图书馆中心。1985年11月，日本40家主要新闻机构和出版社发起成上"电子图书馆研究会"。20世纪90年代以来，日本政府机构、高等院校和企业界非常重视数字图书馆的研制，并投入大量研究经费建设若干实验型数字图书馆项目。1990年，日本国会图书馆开始启动"关西图书馆计划"，由国家投资4亿美元，其目标是成为日本最大的数字图书馆和亚洲地区的电子文献信息中心。研究的主要内容包括研制一套信息资源数字化处理系统、广泛收集和使用各种载体的文献、建立一个与国内外数据库相连的现代化数据库系统。

（二）英国

1993年，不列颠图书馆宣布了通过数字和技术使用户最大限度地利用其收藏文献的"2000年政策目标"。同年6月，该馆发出了"信息利用倡议"，包括20多个子项目，主要目的在于研究图书资料数字化以及数据存储、标引、检索和传输的标准，从而推进数字图书馆的发展。英国的一些大学与IBM公司合作，通过构建一个电子图书馆的原型，使本校师生能通过校园网利用有关学习参考资料。此外，牛津大学、伦敦大学也推出了类似的项目。英国图书馆资助的数字图书馆研究计划联合了英国最大的三家数字图书馆研究机构或组织——电子图书馆计划组织、图书馆和情报协会及联合情报系统协会，研究的范围涉及数字图书馆的技术、人文、经济、法律等方面，其目标是为英国教育科研界提供一个经济的、内容全面的、易于获取的、高性能的信息网络系统。

（三）加拿大

加拿大数字图书馆建设开始于1997年，以国家图书馆为主开始实施加拿大数字图书馆预先研究项目。1997年秋，加拿大国家图书馆在先期调研的基础上，联合50多家图书馆成立了加拿大数字图书馆联盟。该计划以促进数字化资源转化和利用为目的，通过加强各成员馆之间的交流，推进标准化等手段，协调整个国家的数字化项目，保证一定的互操作和高水平；促进加拿大在数字图书馆领域的合作，并推进加拿大数字图书馆的网络检索,该项目的具体目标主要有:进行数字图书馆项目的交流与宣传;评价数字图书馆项目,推荐典型案例;发布有关数字图书馆标准;探索最好的方法进行机构间的协调;避免资源数字化的重复劳动;促进数字图书馆资源内容国际化;在当前版权法的框架内考虑知识产权问题;协调和沟通从信息创造到信息存档整个生命周期中各个环节参与者之间的联系。

(四)法国

法国国家图书馆致力于将收藏的 100 万册图书数字化,同时参加欧洲多国合作的项目——"欧洲电子图书馆图像服务"计划。蓬皮杜中心打算通过网络将 15 万个图像提供给全法国用户使用。该项目由法国国家图书馆主持,其目标是:实现馆藏的数字化以及网络存取,为实现数字图书馆打下雄厚的资源基础,从事数字图书馆解决方案的研究、开发和商品化。

(五)德国

自 1995 年 10 月起,欧洲图书馆联盟会员国包括德国、英国、法国、波兰、芬兰等国家,图书馆共同合作实验的全球网络的数字图书馆信息服务已在互联网上开通并使用,用户可以通过网络检索数据库中所存储的资料。

1996 年 8 月,德国联邦内阁会议正式通过了德国 1996—2000 年信息技术发展计划,中心内容是建上全球性电子图书馆和开展电子出版业服务,其目的是应用先进信息技术为全球电子图书馆服务。

(六)新加坡

新加坡政府在 1994 年提出了"图书馆发展计划",准备建立一个"无边界电子图书馆网络",把新加坡的所有公共图书馆和 500 多个学术与专业数据库连接起来。新加坡南洋理工大学也在进行数字图书馆实验。

(七)澳大利亚

澳大利亚政府于 1995 年拨款 1000 万澳元进行国家图书馆的数字化,主要是古老文献和土著文化遗产的数字化。维多利亚国家图书馆已经将图片数字化,并在网络上建立图片数字图书馆。

三、国外数字图书馆建设的特点

（一）严格规划，分工协作

国外的数字图书馆建设都十分重视规划和协调。无论是"美国记忆"，还是 DLI-1、DLI-2，都集中了一大批理论、应用、产业及市场的有关人士，经过了缜密的筹划，项目的承担者包括各地的高校、图书馆、出版社、政府机构、IT产业的研究人员和用户。以"美国数字图书馆创始计划"为例，其核心原则就是强调研究中的协作关系，计划制订的共同战略构想就是强调研究者、开发商和用户之间的协作伙伴关系，并将这种关系视为项目成功与否的关键，在具体项目的实施过程中，这种协作性体现在参与机构与部门的协作性。数字图书馆计划由高校牵头，联合各级院校、图书馆、学术团体、公司以及政府各部门形成数字图书馆的战略同盟。这些机构与团体不仅在知识、技术上互通有无，在人力、物力、财力上给予大力支持，这些机构除了参与数字图书馆成果的实验，而且还推动新成果的产业化、商品化、市场化，这充分说明了数字图书馆研究的复杂性和艰巨性，没有多学科和多方面的精诚合作，要在数字图书馆研究方面取得成果是很难想象的。1995 年，美国国会图书馆等 15 个图书馆与美国国家档案与记录管理局等共同组成美国国家数字图书馆联盟（DLF），致力于开发反映美国历史与科技文化成就的数字式资源库以及分布式数字图书馆系统，与全球因特网用户共享。1996 年，DLF 确定在以下三个方面开展工作：数字式信息的发现与检索、知识产权管理及提供数字式信息所需的经济模型、数字式信息的归档，数字图书馆联盟可以从宏观上对各研究项目进行协调和控制。这不仅表现在研究所涉及的学科和专业领域上，也表现在对具体技术和问题的解决上，从而避免了研究的空白和低水平的重复，保证了研究效益的最大化。

（二）研究涉及面比较广

如美国数字图书馆的 DLI-2 研究中涉及政治、经济、语言、教育、历史、数学、生物、医学、地球和空间科学等多个学科领域，这表明数字图书馆的涉及面十分广泛，应用前景非常广阔，并不只是图书馆功能的简单重复。研究包括了信息的创造、检索、利用、保存和保护的整个生命周期，根据每一阶段的特点制定了具体的研究重点，所有这些研究结合起来，就是一个完善的数字图书馆。美国数字图书馆创始计划研制内容上的分学科和研制技术上的分侧重点在一定程度上保证了研究的全面和深入，而且各部分组合起来，又可成为一个有机的系统整体。这种分合模式也说明数字图书馆工程是一项综合工程，单靠一方力量是不能完成的，它不是单纯的技术研究，而是与许多方面都有着广泛的联系。

（三）研究的重点各有不同

世界各国的数字图书馆研究可以分成三类：技术主导型、资源主导型和服务主导型。美国国家科学基金会资助的项目集中体现了技术主导型研究的特点，日本受国会图书馆的影响，研究项目基本上是资源主导型，而欧洲国家则以服务主导型为主。目前国外的数字图书馆研究大部分已经走过了实验阶段，它不再以宽泛的技术研究为中心，目的也不在于构建数字图书馆的模型，而是利用各种技术建立综合的数字图书馆。如美国的 DLI-2 强调"以人为中心""以系统为中心"，目的是要充分挖掘数字化信息资源的潜能，构建切实可行的数字图书馆系统，为用户提供更为有效的服务。

（四）注重基础设施的支持

从国外的经验来看，数字化图书馆是在电子化图书馆网络的基础上发展起来的，需要坚实的网络基础。由于数字图书馆依赖网络发挥其强大的信息交流功能，因而只有以现代计算机技术和网络技术为基础的图书馆网络，才能为数字图书馆的发展奠定技术基础。美国在数字图书馆的各项技术研究上取得了巨大进展，尤其是在网络技术方面，其中于 1996 年开始实施的第二代因特网计划将实现把各大学和国家实验室的网络速度提高 100~1000 倍的目标，其中至少有 100 所大学连接网络的速度将比目前的因特网快 100 倍，少数机构的网络速度将快 1000 倍。

（五）国外数字图书馆运营模式

国外数字图书馆的运营模式：既有国家、基金会投资，也有专业机构投资，还有企业投资；既有免费资源存取，也有市场化运营。

1. 国家投资

由于数字图书馆属于国家信息基础设施，国际上重要的数字图书馆项目都是由政府资助的。各国的重要数字图书馆项目往往组织国家级的资源单位，如国家图书馆，将其资源精华发展为数字式资源库，如美国国会图书馆的"美国记忆"项目，美国国会就提供了 1500 万美元；又如，日本国会图书馆牵头的数字图书馆计划，日本国会拨款 50 亿日元。

2. 基金会等机构的资助

基金会、私人团体的资助是数字图书馆项目建设资金的重要来源，如美国国会图书馆的"美国记忆"项目，有部分经费是由 AT&T 电话公司、柯达公司、福特基金会等私人企业、公司、基金会和个人资助的。美国国家科学基金会的 DLI-1 计划获得

2440万美元资助,而DLI-2计划将获得持续5年的4000万~5000万美元资助。英国高等教育基金给"电子图书馆"计划投资1500万英镑作为启动资金,并由联合信息系统委员会管理。

3. 专业机构投资、市场化运营

专业性数字图书馆计划项目往往对特色专业馆藏进行数字化,如ACM(美国计算机协会)1996年开始建设数字图书馆,提供ACM期刊和会议论文的全文访问,采用市场化运营。1998年创立的美国Net library(网络图书馆)则由企业投资,实行市场化运营。

第三节　我国数字图书馆的发展概况

我国数字图书馆的研究始于20世纪90年代中期,国家科技部在"863"项目组专门设立了"中国数字图书馆发展战略研究软课题"以及其他有关数字图书馆的科研项目。"中国国家实验型数字式图书馆计划"标志着我国数字图书馆建设的开始。国家图书馆、上海图书馆、辽宁图书馆、清华大学图书馆、北京大学图书馆、上海交通大学图书馆等先后进行了有关项目研究,为数字图书馆建设的全面实施奠定了良好的基础。近年来,随着信息基础设施的不断完善,我国的数字图书馆建设有了较大的发展。

一、我国数字图书馆的研究与发展现状

在数字化浪潮中,我国各级政府紧跟世界科学技术的发展步伐,积极建设各类型数字图书馆项目,其中既有国家级项目,也有地方省市级项目,还有单个数字图书馆项目。

(一)中国数字图书馆工程

中国数字图书馆工程是跨地区、跨部门、跨行业的宏大系统工程,该工程的总体目标是在宽带网上形成超大规模的、高质量的中文信息资源库群,支持国家整体创新体系的形成与发展。资源库建设是数字图书馆建设的核心,其基本思路是先建设急需急用和容易的,先易后难,从小到大;其出发点是大文化的角度,涵盖整个文化建设。该工程将完成中华文化史资源库、中华人民共和国国史资源库、中国共产党历史资源库、中国发明创造资源库、中国法制资源库、中国国情资源库、中国教育资源库、中国民族文化资源库、中国名人资源库、中国旅游资源库、中国艺术资源库、中国经济信息资源库、中国软件资源库、科技资源库,以及面向青少年的一个百科全书式的知

识宝库资源库的建设。在技术实现途径上采用与国际同类主流技术有接轨前景的方案，如标准通用置标语言、统一资源名称、公共对象请求代理结构等，严格遵守电子信息处理与电子信息交换的相关国际标准及工业标准，统一的总体框架与灵活的子项目实施相结合，采用适用于网络环境的分布式面向对象的软件技术，立足国内自行开发与引进国外先进成熟技术相结合。同时提供全面、灵活的网络连接方式，为用户提供对各种资源库的快速查询与检索；开发智能化中文用户界面和廉价的用户接入设备，普及网络的使用，用户可以方便地获取网上的资源，使信息资源得以最大限度的利用。

（二）国家科技数字图书馆

2000年6月，成立的"国家科技图书文献中心"，由中科院图书馆、工程技术图书馆（中国科学技术信息研究所、机械工业信息研究院、冶金工业信息标准研究院、中国化工信息中心）、中国农业科学院图书馆、中国医学科学院图书馆组成。它是一个虚拟式的科技信息资源机构，中心下设办公室，在中心主任的领导下开展工作。中心建设的宗旨为：根据国家科技发展需要，按照"统一采购、规范加工、联合上网、资源共享"的原则，采集、收藏和开发理、工、农、医各学科领域的科技文献资源，面向全国开展服务；促进科技文献的深度加工、优质服务、快速传播和有效利用，实现科技文献的共建共享；推进我国科技文献的基础建设和数字化图书馆事业的发展，为促进政府科学决策、科学技术研究、技术创新、人才培养，参与国际竞争提供支撑保障。国家科技图书文献中心（NSTL）建设的"国家科技文献资源网络服务系统"是一个共建共享的网络化信息服务系统，它按照分布加工数据、集中建库、集中检索、分布服务的原则，通过互联网向广大用户提供信息服务。NSTL已在网站上开通了外文科技期刊、会议论文、科技图书和中文会议论文、学位论文等数据库，以文摘方式报道近万种外文期刊及其他类型文献。全世界的网络用户可免费检索该网站上的数据库，网站上报道的二次文献条目，中心的成员单位均收藏有全文，注册用户可随时向系统提出检索全文请求。

（三）中国高等教育文献保障体系

中国高等教育文献保障体系（CALIS）是我国高等教育发展的基础设施，1998年11月正式启动，其建设的总体目标是建成一个具有中国特色的现代化文献信息服务系统。它以CERNET为依托，采取"整体规划、合理布局、相对集中、联合保障"的建设方针，初步建成中国高等教育文献保障体系的基本框架，以此推进我国高等教育资源的合理优化配置，实现信息资源共建、共知、共享，提高高等学校教育和科研的文献保障水平。CAUS管理中心设在北京大学图书馆，目前已建成全国中心、地区中心和成员馆三级网络结构。参与CALIS建设的主体是"九五"期间国家正式立项建设的"211工程"的高校，其他有条件的高校均可参与子项目的建设和共享CALIS的资源。CALIS在国内首次实现了网络环境下的实时联机合作编目，建成了学科和文献类型最多的联合目录数据库，联合订购的国外数字化信息资源覆盖了所有学科，引进的数据库学术水平较高，增加了电子资源的品种，为各高校和国家节省了大量资金；自建了高校学位论文库、重点学科专题库、特色数据库和导航库。

（四）中国实验型数字式图书馆计划

中国实验型数字式图书馆计划由文化和旅游部倡议，以国家图书馆、上海图书馆、南京图书馆、深圳图书馆、辽宁图书馆等主要公共图书馆为参与主体，模仿美国数字图书馆创始计划，侧重技术方案实现，兼顾资源数字化，建立一个在内容和技术上具有一定典型意义的数字图书馆原型，通过遍布全国的数字通信网，依托即将建成的"金图工程"向全国乃至全球提供网络服务，并为我国大规模建设数字图书馆工程提供样板。主要成果是在我国创建了一个分布式、可扩展、可互操作的、具有一定规模资源的实验型数字图书馆，达到国际同类水平，项目成果居于国内领先水平。主要包括设计开发了通用的套装数字图书馆系统，在国内率先建立了一套通用的数字内容资源加工系统，建立跨地域、多馆合作的网络资源建设体系，建成了符合数字图书馆资源建设要求的、可互操作的、分布于全国7个省市的30个以上的数字资源库群，在因特网上实现了良好的运行。

（五）教育部数字图书馆的攻关项目

教育部将数字图书馆公关项目交由北京大学、清华大学、华南理工大学、上海交通大学承担，主要研究数字图书馆的结构、检索机制以及相应的标准规范，图文信息联合导读学习系统，数字音乐图书馆雏形和一个小型的数字化视频数据库示范系统。其中清华大学与IBM公司研究实验室共同研制中国数字图书馆系统，通过网络技术向分布广泛的用户提供快捷便利的服务，从总体上提升图书馆各方面的功能；华南理工大学已经研制成功视频数字化图书馆，存储有10G以上的视频剪辑信息；目前上海交通大学正在创建一个数字化图书馆的现实模型，将该校图书馆实际使用馆藏文献的30%进行数字化处理，包括联机目录、电子参考书、电子全文杂志和会议录、多媒体有声读物、计算机软件等。

（六）中国知识基础设施工程

中国知识基础设施工程，简称CNKI，1999年6月正式启动，由清华同方光盘股份有限公司、中国学术期刊（光盘版）电子杂志社、清华大学光盘国家工程研究中心、清华同方光盘电子出版社、清华同方知识网络集团、清华同方教育技术研究院联合承担。CNKI是一项涉及面很广的系统工程，其主要内容包括知识信息资源数字化建设及挖掘、网络数据存储与知识网络传播体系、知识信息组织整合平台、知识仓库建库管理和发布系统、知识信息计量评价系统和数据库生产基地建设等方面CCNKI计划引进国外重要的数字化信息资源，开发期刊、会议论文集、博/硕士论文、报纸、专著、教科书等数字化资源，创建网络研究院。其中包括网上推出了"创新知识资源全国共享行动计划"，计划完善期刊全文数据库，并推出全文数据库的引文链接版，加强网络建设，并通过"中国医院知识仓库"、政府信息服务和校校通工程扩大信息服务范围。CNKI以中国学术期刊光盘版和中国期刊网最为著名，期刊网入网期刊陆续增至6000多种，已形成世界上最大的期刊文献数据库。CNKI采用在全国设立检索咨询站、网上包库、镜像站点等方式向用户提供服务，形成了完整的经营模式，建立了产业化的知识信息服务体系。

（七）万方数据资源系统

万方数据资源系统于1997年8月在因特网上开始对外服务，目前分为科技信息子系统、商务信息子系统和数字化期刊子系统三部分，面向不同用户群提供信息服务。商务信息子系统推出了工商资讯、经贸信息、成果专利、商贸活动、咨询服务、在线交易等栏目，面向工商、企业用户提供商务信息和解决方案。科技信息子系统面向广大科技工作者、高校师生、公共图书馆、科研单位及政府管理部门服务，文献资源包括专业文献、会议论文、学位论文等共计37个数据库。期刊子系统（数字化期刊群）源于国家"九五"重点科技攻关项目——"数字化图书馆示范系统"，集纳了2000余种科技期刊全文内容。在我国，万方数据公司最早开始在因特网上提供免费电子期刊全文服务，目前在全国各省市建有几百个服务中心，直接用户达数万人。它以技术平台的开发能力强、自建数据库多和独具特色的网络经营模式在我国信息服务行业中占据了重要地位。

（八）辽宁省图书馆与IBM合作的数字图书馆项目

辽宁省图书馆是全国公共图书馆中首家启动数字图书馆工程的图书馆，它采用IBM数字化图书馆解决方案，成为IBM数字图书馆软件方案在中国的首家商业用户。它把对古籍文献的数字处理、因特网信息发布、多媒体阅览室及VOD点播作为先期实现的重点功能。

（九）全国党校系统数字图书馆：建设计划项目

2001年年初，国家计委批准立项"全国党校系统数字图书馆建设计划"，总投资达1.9

亿元。北京大学、东北师范大学等院校相继成立数字图书馆研究所，在全国范围内掀起了数字图书馆建设和研究的高潮。

（十）中国实验型数字式图书馆

2001年5月23日，国家重点科技项目"中国实验型数字式图书馆"通过专家技术鉴定。目前，中国数字图书馆已经进入初步实用阶段，我国的数字图书馆研究、建设已经粗具规模。

二、我国数字图书馆建设的特点

（一）我国数字图书馆的运行模式

主要采取三种类型。

1. 国家与单位投入，免费提供给用户使用

如中国实验型数字式图书馆，该项目是由国家计委批准立项；中国高等教育文献保障体系项目是1998年由国家计委批复启动；上海数字图书馆古籍馆藏数字化，免费提供给用户使用。

2. 国家与企业投入，市场化运行

如中国数字图书馆有限责任公司由国家图书馆控股，公司通过股份制经营，多种形式广泛募集资金完成第一期融资，采取市场化的运行机制。

3. 企业投入，市场化运行

如超星数字图书馆，开发了易用、经济的数字图书格式，拥有自主知识产权的图文资料数字化技术、专用阅读软件，向读者发行会员卡——超星读书卡，作为读者在借阅数字作品时付费的凭证，并向著作权人及相关出版社支付作品使用报酬。中国知识基础设施工程制定CNKI数据库版权协议，参照国际惯例，采用并发用户数调价办法，有利于体现CNKI数据库及文献编者、作者知识产权的价值和保护原则。

（二）我国数字图书馆的研究力量

我国数字图书馆的研究力量由图书馆界、科研组织和商业机构三方面组成，其中图书馆界是最主要的力量。图书馆方面的优势是拥有丰富的文献信息资源和传统的服务手段，但在技术研发和经费支持方面则是弱项。我国对数字图书馆的认识还局限在图书馆的范围内，要充分发挥数字化信息资源的作用还有很长的路要走。我国数字图书馆研究缺乏协调和协作的机制。数字图书馆研究是一项跨学科、跨行业的复杂的系统工程，需要各方面协调和合作，必须付出极大的努力，才有可能取得成果。现在许

多单位都不愿正视数字图书馆研究的复杂性和艰巨性,建设的热情远远高于研究的热情,重复建设低水平的数字图书馆,造成有限资金的无谓浪费。

(三)资源数字化是研究的重点

数字化信息资源的研究是当前我国数字图书馆研究的重点,在上面所提及的研究项目中都有专门的资源数字化的研究内容,在建设的数字图书馆中也有专门的资源数字化系统。根据网络信息资源组织的需要,有些单位还开发了元数据格式,如广东省中山图书馆的《中文通用全文信息资源数字化格式》、清华大学的建筑元数据项目、北京大学的拓本和敦煌元数据项目等,这说明我国对信息资源数字化在数字图书馆中的重要性有比较明确的认识。

(四)目前存在的主要问题

国外政府对数字图书馆项目投入了大量的经费支持,社会各界的支持也占有相应的比例,而目前我国对数字图书馆建设的投入仍显不足。投入机制不健全,周期长,见效慢,使得数字图书馆建设缺乏连续性和系统性,因此,有必要形成一个多元化的投入体系。建设数字图书馆不仅需要国家投入,还需要地方政府、公司企业等各方面的投入。对于国家和地方政府的投入,应建立相应的法律法规,保证投入的稳定性和连续性。同时,政府还应出台有关政策法规,鼓励公司企业和个人对于图书馆数字化建设的投入,从而逐步形成国家、地方、企业、个人多方组成的多元化的投入体系和机制。目前,我国数字图书馆信息资源建设缺乏全国性的宏观规划,信息资源建设大多处于各自独立、相对分散的状态,造成重复建设问题非常严肃。各种标准还没有完善,宏观管理有待加强。

第四节 数字图书馆的发展趋势与方向

一、数字图书馆的发展趋势

(一)从基于数字化资源向基于集成服务和用户信息活动的范式发展

数字图书馆的发展重点经历了几个阶段:第一代数字图书馆主要在特定文献资源数字化的基础上建立数字信息资源系统,它们往往作为独立系统嵌入到传统图书馆系统或上层机构信息系统中,将跨时空检索和传递特定数字化资源作为其主要任务,可称为基于数字化资源的数字图书馆。第二代数字图书馆致力于支持分布的数字信息系统间的互操作，支持这些系统间无缝交换和共享信息资源与服务，由此构造集成信息服务机制，形成基于集成信息服务的数字图书馆。这一代数字图书馆不再以文献数字化和具体数字资源库建设为核心，而主要是面向分布和多样化数字信息资源，通过服务集成构造统一的信息服务系统，形成与传统图书馆不同的新系统形态和组织形态，是目前数字图书馆研究、开发和应用实验的主要形态。第三代数字图书馆将围绕用户信息活动和用户信息系统来组织、集成、嵌入数字信息资源和信息服务，从而更直接、深入、有效地支持用户检索、处理、利用信息来解决问题的全过程。因此，以用户信息活动为基础的第三代数字图书馆是今后发展的方向。

（二）数字信息存储的全息化

随着数字图书馆建设的不断进展，资源数据量越来越大，存储空间将成为影响数字图书馆应用的主要因素。数字图书馆涉及的是海量的多媒体信息资源。在将它们保存到数据库之前必须进行压缩，以降低数据库成本，使数据库规模保持在可管理的范围内，所以需要着重研究能够适应快速访问的海量存储技术。全息数字化技术的广泛应用以及新的压缩技术的出现使数字化资源的所占空间大大降低，也使存储设备的投入大大减小。同时由于全息数据存储具有巨大的存储容量、高速的数据传输速率和短暂的访问响应时间等特点，使它能够满足提供网上服务的要求，全息数字化技术将成为21世纪数字图书馆的主流数字化技术。全息数字化技术所生成的数字化资源都是全息的，取代了简单扫描技术生成的资源，既保持了文献资源的信息完整，又增加了检索等功能，是未来数字图书馆资源的主要组成部分。

（三）多种资源的高度集成，易用性更强

多种资源的深度融合也是数字图书馆发展的一个基本特征，目前的数字图书馆资源种类绝大多数仍然以传统的书籍报刊等印刷版资源数字化为主，将来会扩展到声像制品、多媒体等资源。这些资源不只是简单地堆积到一起，而是进行了高度的集成和深度的融合。读者输入一个检索词，可以将各种各样的资源全部检索出来，阅读器是能够浏览、播放各种资源的超级阅读器。数字图书馆更具人性化且更加易用。信息导航技术、知识管理技术、全文检索技术、跨平台技术、智能检索代理技术以及推送技术的广泛应用都促使数字图书馆更加贴近用户，更加方便使用。

（四）数字化技术进一步完善

数字图书馆建设涉及计算机、网络通信等多领域、多技术的综合集成，而计算机和网络通信技术发展十分迅猛，新技术层出不穷，数字图书馆需要网络通信、多媒体

信息处理、信息的压缩与解压缩、分布式信息处理、信息安全、数据仓库、基于内容的智能检索、超大规模数据计算、用户界面等多种技术。目前亟待解决的关键技术包括：

（1）软件重用技术。

（2）多语言处理技术。

（3）自动识别技术。

（4）因特网人工智能技术。

数字图书馆的一个基本特征是传输网络化，这就要求数字图书馆具有高速信息传输通道，以便用户快速获取所需信息。目前，数字化技术正在不断完善。

（五）标准化建设取得较大进展

标准和规范化是实现数字图书馆资源共享的前提和根本保障。数字图书馆建设管理的信息和知识包括了所有学科，数量极其巨大，类型特别繁多，而且包括了文字、表格、图像、音频等多种媒体的数字化表达，组织极其复杂；同时各单位所使用的软硬件规格不一、品牌庞杂。如何将众多的力量协调组织起来，实现网络的互联互通，资源的共建共享，管理的井然有序，从技术管理的角度考虑，关键就在于标准化。有了标准化，才能把各单位开发出来的信息资源按统一的格式组织起来，既能和国际网络接轨，更能为各单位所共享，形成整体性信息资源；也才能用统一的检索标准建立起分布式的存储和检索系统，使信息资源能为广大用户方便使用。标准化是建设数字图书馆的重要保证。

（六）社会化和国际化趋势

数字图书馆将向着社会化、国际化方向发展。目前美国已有众多的科学、技术研究机构和多所著名大学组成合作小组，协同完成了数字化资源及数字图书馆技术的研究与开发，美国国家图书馆联盟就是一个组织全国15个大型图书馆及国家档案记录局的合作机构。此外，有些联盟还有著名的大公司加盟。1995年，法、日、英、德、意、美、加七国的国家图书馆在法国成立了G7全球数字图书馆联盟，俄罗斯加入后，又扩展为G8联盟，致力数字图书馆的建设和发展工作。1997年，环太平洋数字图书馆联盟成立，由太平洋地区的知名大学图书馆和国家图书馆共同实施，其中包括了我国的北京大学图书馆和中山大学图书馆，开展数字图书馆的合作研究计划，致力于合作开发多语种在线图书存取系统及多语种文档传输系统，形成大型分布式多语种数字图书馆。

二、数字图书馆建设的方向

（一）加强数字图书馆建设的战略管理

数字图书馆建设作为国家信息基础设施建设的重要组成部分，涉及各种各样的技术、管理和服务问题，因而不仅需要技术层面的微观研究，也需要决策层面的宏观探讨。数字图书馆是跨部门、跨行业的大系统工程，所以应该由政府出面统一规划、组织和协调。数字图书馆要实现通过因特网为用户提供全方位的信息服务这一宏伟目标，就必须搞好信息资源的规划工作。为了正确把握数字图书馆的建设方向，提高项目建设的实际效益，避免在项目和技术选择上出现重大决策失误，有必要从战略管理的高度处理好数字图书馆建设中的一些宏观关系问题，如数字图书馆与传统图书馆的关系、数字图书馆与国家信息基础设施建设、技术先进性与适用性、数字资源建设与整合、业务的社会化与个性化、项目建设与用户服务、馆际协作与资源共享、数字图书馆信息服务与知识产权保护、数字化建设与体制创新等，应该加强整体规划和可行性分析。

（二）加强特色化数字资源建设

建设数字图书馆必须重视信息资源的建设，数据库资料是数字图书馆的重要信息来源，必须考虑数据库的建设，避免网络上缺乏信息源，造成网络闲置的浪费。应从全局出发，合理建设和使用文献信息资源，不要盲目求新、求全、求高水平，应该加强资源共享，不要重复建库和重复引进造成浪费，要立足本馆、面向全球、形成特色。数字图书馆的服务对象不仅包括到馆的读者，更多的是网络环境下的用户，因此，要加强主页设计，建立数字馆藏，提供多种形式的远程服务。要深层次开发信息知识资源，建设各馆特色化数字资源，满足高层次读者用户的存取需求。数字图书馆应该注意个性化服务和特色化资源的深层次开发，提高数字图书馆生存发展的核心竞争力，促使数字图书馆走向可持续发展之路。

（三）加强数字图书馆建设的合作与协调

数字图书馆的建设是跨部门、跨学科的并以高新技术为基础的艰巨复杂的系统工程，需要有关研究机构和部门通力合作和沟通，打破各自为政、条块分割、重复建设的局面，以网络为依托进行整体化建设。在技术上，与外国技术企业加强合作，利用外国先进技术创建具有特色的数字图书馆。数字图书馆建设需要计算机界、软件工程界、通信网络工程界及其他方面结成一个战略同盟，美国数字图书馆研究走的共同协作路线是值得借鉴的，在推进数字图书馆建设时，如果单凭政府投入或图书馆自身的资金和技术力量将很难完成这一艰巨任务。因此，图书馆界应该在认识到自身是建设主力的同时，主动与信息技术界、企业界等建立友好合作关系，广泛吸收资金、技术和人力，共同开展实验。应该加强数字图书馆的宏观管理，做好有关的协调工作。

（四）加强数字图书馆的可用性评价

可用性指的是系统必须具备一定的功能特征，如是否提供功能菜单，是否采用图形界面等。从使用上说，可用性是指用户在一定的环境里完成一定的任务时，系统的性能或作用能否得到有效体现，可用性是评价数字图书馆的一项重要质量指标，它涉及用户与数字图书馆交互的许多方面，甚至包括数字图书馆的安装和维护。可用性关系到数字图书馆的性能是否能满足用户的需要，流程是否符合用户的习惯，效果是否能达到用户的期望。对于数字图书馆的工作人员而言，可用性关系到工作的效率和数字图书馆存在的意义；对于数字图书馆的开发者而言，可用性直接决定着系统开发的成败。根据用户范围的不同，数字图书馆的可用性可以分为界面可用性和组织可用性两种，前者是指数字图书馆的用户界面能否满足具体用户的要求；后者是指数字图书馆能否与特定组织的实际工作相结合，满足实际工作的需要。

数字图书馆不仅将改变人们利用信息的方式和模式，还将影响人们利用信息的深度和广度。因此，建立一套评价数字图书馆可用性的原则具有十分重要的意义。评价数字图书馆可用性的原则可以概括为：

（1）易学

数字图书馆应该易于学习，用户可以在很短时间内掌握其使用方法；系统应该给用户提供培训的机会和海归的途径，用户在使用过程中遇到问题时能得到及时的帮助。

（2）易记

数字图书馆的体系结构、界面、功能和操作要有一致性，从而提高其易记性；尽量减轻用户的记忆负担，当用户在间隔一段时间后再次利用数字图书馆时，不必重新学习使用方法。

（3）高效

数字图书馆必须是一个高效的系统，能有效地满足用户的信息需求，用户利用数字图书馆获取信息比利用其他途径有更高的效率。

（4）容错

数字图书馆应该有较强的容错能力，保证系统能够连续正常运行；用户出现操作失误时系统要及时报告，并提出修改建议或自行修复。

（5）愉悦

用户在利用数字图书馆的过程中，感觉应该是轻松的，心情是愉快的，结果是令人满意的，系统要设法排除用户利用过程中可能产生的沮丧、厌烦、挫折的情绪。

（6）服务差异化

网络使得世界各地的用户都可以利用数字图书馆提供的服务，而在不同社会、不同文化背景和不同知识层面下用户的要求是不一样的。因此，数字图书馆要根据用户的认知方式和行为特性，根据用户的阅读习惯和查询要求，为用户提供差异化的服务。

数字图书馆系统必须适合用户或组织工作的实际情况，包括系统是否适应工作流程的需要，是否符合用户获取信息的习惯，是否与计算机系统和通信设备相匹配等经济上的可行性。数字图书馆是一项高投入、高产出的系统工程，必须对数字图书馆的经济效益和社会效益做全面的评估，对用户利用数字图书馆的经济承受能力也要有充分的考虑。

（五）加强数字图书馆的知识管理

数字图书馆的知识管理就是通过对数字图书馆所拥有的包括信息及知识各种要素在内的所有智力资本进行组织、开发和运营，从而实现知识创新、知识扩散和知识增值的过程。其主要内容包括：

（1）知识创新，是指以创造性思维建设与管理数字图书馆。数字图书馆是一种网络环境下的全新的图书馆形态，具有与传统图书馆完全不同的理念追求、运作方式和管理模式。要有效地进行数字图书馆建设实践，必须要创新图书馆学知识。数字图书馆的工作人员将成为发展和创新图书馆学的一支重要力量。

（2）知识组织，是指把数字图书馆资源中的各种知识因子和知识关联表示出来，以便人们识别和理解。知识组织的方法多种多样，依知识的内部结构特征，可分为知识因子组织方法和知识关联组织方法；依知识组织的语言学原理，可分为语法组织方法、语义组织方法和语用组织方法。

（3）知识开发，是在对数字图书馆信息的获取和预处理的基础上，通过数据挖掘和知识发现等方法对有关的信息进行提炼、精简与分析，发现隐含在其中的具有规律认识的有用知识，通过对信息的深层次加工，形成具有独特价值的知识产品。

（4）知识扩散和应用，是指对数字图书馆的知识产品进行传播和利用，如知识信息导航、知识信息评价、知识信息咨询、知识营销等，从而实现知识的增值。数字图书馆要实现有效的知识管理，关键是要建立适合知识管理的组织管理机制、技术机制以及有利于创新、交流、学习和知识应用的环境和激励机制。目前，针对知识组织和知识管理的多种智能技术和软件技术，如元数据技术、XML可扩展性结构化标记语言、智能 Agent 技术、数据采掘技术、个人知识管理软件工具、数据仓库、知识发现、数据融合、智能搜索等已在数字图书馆中得到了广泛应用，在面向内容和知识管理的数字图书馆设计中尤其得到强调，极大地提高了数字图书馆知识组织和管理的效率。

（六）加强数字图书馆的标准化管理

数字图书馆建设需要图书、情报、档案机构、各种信息中心和文化设施等众多部门和单位共同参与；它所管理的信息和知识包括了文字、表格、图像、音频等多种媒体的数字化表达和无缝连接，组织极其复杂。因此，标准化与规范化便成为数字图书馆建设的一个十分突出的问题，并成为实现数字图书馆资源共享的前提和根本保障，将直接影响数据库的质量和服务效果。数字图书馆需要多个标准之间的联系和协调，更需要建立有关的标准体系，如数字图书馆的资源储备、描述与标识、检索查询、交换和使用的标准与规范等。建设数字图书馆主要涉及两方面标准：首先是直接涉及文献信息工作本身的技术标准，包括通用标准、出版专业通用标准和相关标准、图书情报专业通用标准和相关标准、档案专业通用标准和相关标准等；其次是有关计算机、通信和数据库建设的标准。目前数字图书馆的标准和规范仍然存在大量空白，例如，评价信息网站的标准及规范、数字图书馆系统软件的标准和评价指标、数字图书馆质量保证体系及质量认证标准等，有待进一步建立与应用。

（七）加强数字图书馆用户的研究与关系管理

用户是数字图书馆建设的出发点，也是数字图书馆赖以生存和发展的基本条件之一，因此，必须重视数字图书馆的用户研究，以用户需求为导向来进行数字图书馆资源建设和管理。用户关系管理是通过有关的管理技术和方法对用户进行系统化研究，识别有价值的用户，对用户进行沟通和教育培训等工作，从而改进服务，提高用户的满意度。数字图书馆用户的基本特征是类型比较多、范围广、需求变化大，目前又以团体用户为主，集体统一购买某方面资源的使用权。数字图书馆的用户关系管理具有如下一些特点：它的核心思想是将用户关系作为一种重要的资源，对用户的需求进行深入分析，通过完善服务来满足用户的需求；它将注意力集中于用户发展，以便使潜在用户变成现实客户，现实用户变成忠诚用户；通过满足用户的需求，与用户建立长期稳定的关系，从而不断拓展产品或服务范围。数字图书馆用户关系管理要从"内视型"向"外视型"的视角转变，过去，数字图书馆管理的着眼点在后台即资源建设，而对前台即直接面对用户服务等方面注意不够，随着数字图书馆服务的发展，完全依靠"内视型"管理模式难以适应新的发展要求，必须运用"外视型"的观念去研究和发展用户。用户关系管理的目的在于发现、了解、预测和管理现有或潜在的用户。数字图书馆用户关系管理通过搜集、跟踪和分析用户的有关信息，观察和研究用户的行为，使用户的关系及时得到优化，有针对性地发展和管理用户关系，为用户提供相应的产品或服务，以实现用户价值最大化和数字图书馆收益最大化之间的平衡。数字图书馆用户关系管理涉及许多方面，是对数字图书馆与用户之间发生的各种关系进行全面管理，而不是数字图书馆某一方面或某一阶段的短期行为，是围绕用户的有关行为而进行有效管理的一种长期战略。随着数字图书馆的进一步发展，数字图书馆之间的竞争会越来越激烈。目前，有些数字图书馆的管理体制已是经营实体，国内外数字图书馆系统也在开始展开对用户的争夺。用户关系管理利用先进的信息技术正确分析用户的需求，以最快的速度响应和满足用户的需求，从而能够在最大范围内吸引更多的用户。良好的用户关系管理不仅能挽留现有的用户，还可挽回已经失去的用户，同时争取更多的用户。用户关系管理的目的是实现用户价值的最大化，不同的用户具有不同的关系价值，用户关系管理的实施让用户和潜在用户感到自己受到重视，从而成为数字图书馆服务的使用者和支持者。因此，用户关系管理的实施有利于形成竞争优势，进而增强竞争力。数字图书馆用户研究和关系管理的主要内容包括：

（1）数字图书馆用户的需求分析。
（2）数字图书馆用户的数据管理和挖掘。
（3）数字图书馆用户的分类研究。
（4）数字图书馆用户的心理行为研究。
（5）数字图书馆的用户教育。
（6）数字图书馆用户的服务效果评价。
（7）数字图书馆服务方式的改进。
（8）数字图书馆用户的人文关怀。

三、网格技术的发展对数字图书馆的影响

（一）网格技术的特点及其意义

网格（Grid）是近年来兴起的一种前沿信息技术，是因特网信息技术发展的新趋势。它的思想来源于电力网格，目的是将计算能力和信息资源像电力网一样通过网络形式方便地传送到用户中。网格是高性能计算机、数据资源、因特网三种技术的有机组合和发展，它把分布在各地的各种计算机连接起来进行资源共享。网格是一种一致、开放、标准的计算环境的信息基础设施，支持聚合地理上广泛分布的高性能计算资源、大容量数据和信息存储资源、软件和应用系统、高速测试和获取系统，以及人力等各种资源的合作问题求解系统的构造。

网格的根本特征是资源共享。它把整个网络整合成一台巨大的超级虚拟计算机，

实现各种资源的全面共享。目前因特网上各种信息资源由于分散在不同的地方，要进行资源共享十分困难，并且利用效率比较低。网格则可以实现因特网上所有资源包括硬软件资源、计算资源、存储资源、通信资源、信息资源、知识资源等的全面连通，通过网格系统进行利用。

（二）网格技术在数字图书馆建设中的应用

数字图书馆是综合运用多方面高新技术支持的数字信息资源系统，将分散于不同载体、不同地域的数字化信息资源以网络化方式互相联结起来，从而实现资源共享。数字图书馆通过数字技术进行信息资源的组织和管理，能够储存海量信息，用户可以通过互联网络高效方便地进行查询检索。而网格是高性能计算机、数据源、因特网三种技术的有机组合，它具有高性能、一体化、知识生产、资源共享、异地协同工作、支持开放标准、功能动态变化等优点，为数字图书馆建设提供了有利的条件。

1. 网格为数字图书馆构造了统一的平台

网格技术的巨大优势是比较明显地降低了建立网站和提供网络服务的成本。网格的许多平价和资源都是共享的，它是一种将分布在各地的计算机、数据、信息、知识等组织成一个逻辑整体，在此基础上运行各自的应用网格，为数字图书馆提供各种一体化信息服务的信息基础设施。在信息网格中，资源被统一管理和使用，用户可以通过网格操作系统透明地使用整个网络资源，网格利用现有的网络基础设施为用户提供一体化的智能信息平台，创建一种基于因特网的新一代信息平台和软件基础设施。在这个平台上，信息处理是分布式、协作和智能化的，用户可以通过单一入口访问所有信息，而不是像目前的因特网那样，用户需要在成千上万的网站中去寻找合适的信息。

2. 网格有利于数字图书馆的信息集成

数字图书馆建设是一项庞大的信息工程，涉及许多方面，只有协同工作，才能保证其正常运转。网格将分布在不同地理位置的资源通过高速的因特网进行资源集成，从而提供一种高性能计算、管理及服务的资源能力。在分布式的异构环境中，网格技术能够精确定位所需的数据集，并为后续处理提供支持。人们利用这些资源就像利用电源一样，不必计较这些资源的来源和负载情况。网格计算可以合理而有效地将远程资源高效地组织起来，形成网络虚拟计算机，形成超强的能力。网格已经发展成为连接和统一各类远程异构资源的一条重要途径。

3. 网格有利于实现数字图书馆的资源共享

网格把整个因特网整合为一个巨大的超级计算机，实现网上所有资源的全面连通，实现计算机资源、存储资源、数据资源、信息资源、知识资源等多种资源的全面共享。网格提供单一的系统映像，具有透明性、可靠性、负载平衡等功能。网格支持对异构数据资源的访问，为用户提供统一的访问接口，选择适当的访问协议来实现用户提出的数据访问请求，网格与目前的计算机网络不同，网格能实现应用层面的连通。它主要关注的是如何消除信息孤岛，实现信息资源的智能共享。网格技术的进一步充分应用能够极大地提高数字图书馆资源的利用效率。

4. 网格有利于数字图书馆的海量数据处理

数字图书馆所要处理的数据通常比较大，网格则能够很好地解决海量数据的计算处理和分析问题。它能将分布在不同地方的计算机连接在一起，用户只需通过客户端发出要求计算的指令，网格就把这些任务调配给各个计算机执行，然后将各个计算机计算出来的结果汇总反馈给用户，连接的计算机规模越大，计算能力就越高。此外，通过网格，用户还可以在较短时间内把需要的数据从不同的数据库中找出来综合在一起，省去了多次访问不同数据库的时间，并能直接调用网格中的算法和程序等资源，避免许多重复性的工作。网格可以智能地分配计算资源，能够优化现有的计算资源，更快地解决数字图书馆的设计和利用问题；能够将应用程序的每个部分调整到最适合它的系统中去，从而以更短的时间、更低的成本解决有关应用问题。网格与数字图书馆技术有机结合起来，从而为在分布式异构环境中实施信息资源发现和知识发现提供支持。

5. 网格有利于数字图书馆进行知识管理

网格的知识生产特性是网格与因特网两者之间质的区别，因特网本身不生产知识，人们都是先把信息知识用其他方式生产出来以后，再放到网上供用户查找利用，而网格则能根据用户的要求自动地生产知识。在知识生产的过程中，高性能计算机将起到关键的作用，它把从数据源得到的各种原始数据运行特定的程序加工成信息和知识。网格可以自动地找到有关的数据源进行综合分析和知识的发现，然后形成新的认识。可见，网格有利于数字图书馆进行知识管理。随着网格技术的不断发展，数字图书馆的功能和作用都会得到全面提高，在客户提出请求或查询时，网格将会自动处理分析，并把有关结果传送到客户登录的节点上，从而使得数字图书馆的服务更加完善。

（三）网格对数字图书馆的挑战

网格技术的发展和应用对数字图书馆建设提出新的要求，网格系统平台建好后的应用移植是网格技术走向应用的最大障碍。网格技术要求用户将原有的系统应用标准化，并平移到新的系统之中。实际上，如果很多现有的数字图书馆应用系统被推向网格环境，将面临重新编写应用代码的问题，虽然目前已经有一些相关的工具被开发出来，但还有许多技术问题需要解决，还需要进一步支持和相互之间合作。面对网格技术的进一步发展，数字图书馆建设的指导思想应该具有前瞻性，要适应将来网格环境的发展需要。首先,在资源建设方面要特色化。在网格环境下,由于信息的高度综合和集成,任何重复建设都是毫无意义的,只能造成巨大的浪费。因此,数字图书馆的资源建设要进行合理的配置和相比的协调。其次是要增强数字图书馆系统的相互可操作性,以便更好地通过网格系统共享资源。再次是进一步完善数字图书馆协同服务,系统模式要走向集成的、多层次的分布模式,实现各类服务组件集成化。最后是不断丰富服务中的交互模型,通过提供各种交互模型使数字图书馆服务能够不断地适应发展变化的要求,更加具有针对性和个性化。

第三章 数字图书馆的服务

第一节 数字图书馆服务的特点

一、数字图书馆服务的特点

数字图书馆建设的最终目标是为用户提供数字化服务。数字图书馆提供的服务不仅包括传统图书馆服务在数字环境中的实现,如在线阅读与下载、电子文献传递、离线阅读与打印,还包括以网站服务形式提供的服务,如浏览、查询、最新信息报道服务等,它还可以提供包括信息库、教育环境、参考服务、个性化服务等在内的服务平台。

与传统图书馆相比,数字图书馆有其自身的特点,同时数字图书馆服务由于高技术的支撑,在服务对象、服务内容、服务方式等多方面都具有了新的特点。

(一)服务对象社会化

数字图书馆通过网络连接各地,服务范围相应扩大到网络所连通的任何地方。因此,其服务对象已不再局限于传统图书馆的读者群。它的读者不分年龄、不受时空限制,只要拥有计算机终端并接通因特网,都可获得数字图书馆所拥有的所有信息资源。数字图书馆的用户已远远超过了传统图书馆中物理意义上的进馆人数。数字图书馆的服务范围已经由传统图书馆的一馆一舍模式转为向全社会开放,其服务对象的信息需求也从面向某个图书馆或文献情报中心而转向整个社会。

(二)服务内容数字化和多样化

在数字图书馆里,一切信息都是由计算机管理的。各种载体形式的原始信息通过数字化技术转化为数字形式,并利用计算机网络和多媒体技术统一存储、传输和管理。数字图书馆的资源不再局限于自身采集收藏的文献范畴,它还包括那些利用网络所获得的、本不属于图书馆自身拥有的信息资源,即各类型数据库、多媒体信息、网页以及与其他信息资源的链接,还包括蕴含各种信息和知识的产品以及掌握知识的人,等等。

(三）服务项目高层次化

数字图书馆的服务将不再是以文献借阅、参考咨询为主的浅层次服务。知识增值与智能重组，提供个性化主动服务是数字图书馆的主流服务。数字图书馆将实现由文献提供向知识提供的转变，即实现以竹本为单元的低层次服务向以知识为单元的高层次服务转变。数字图书馆信息提供的知识化将会为广大用户提供"知识仓库""学术银行"。由于信息加工的知识化、智能化和完备的检索系统的建立，使数字图书馆能够为用户一次性提供所需某一主题的目录、论文和著作的全文、照片、图像、声音等各种知识信息，由信息提供的分次满足转变为信息提供的一次满足。

（四）服务手段网络化

高速且高效的网络传输为信息服务带来了崭新的变革，数字图书馆依赖网络发挥其强大的信息服务功能；数字图书馆的读者服务工作，包括网上学科导航系统的制作、网页制作与维护、数字化资源的宣传与推广、读者利用数字资源的培训、网上咨询工作、各种请求的处理和转换、数字资源的传递等，都是通过网络来实现的，图书馆与读者之间通过网络实现远距离交流，各类图书馆之间也是通过联网实现远距离网上合作的。数字图书馆信息资源上网，变独享为共享；信息服务进网，变手工服务为网络服务；信息服务机构联网，变单体为组合，即是一个全新的开放性网络服务系统。

（五）服务方式多样化和主动化

数字图书馆将成为数字化信息服务的中间提供者。首先，数字图书馆利用自身的 Web 站点，将自己丰富的馆藏信息展现在读者面前，向分布在世界各地的读者提供信息服务；其次，通过网络以及方便快捷的搜索引擎引导读者查找世界各地的数字化信息资源；最后，数字图书馆所提供的信息内容不再局限于目录、文摘等，而是多方位地提供全文信息浏览、数据软件下载、音频视频点播等多媒体信息的服务。此外，数字图书馆还通过电子邮件等方式提供专门信息咨询服务。数字图书馆是一个将收藏、服务和用户集成在一起的环境，它支持数字化信息整个生命周期的活动，包括生成、发布、传播、利用和保存。它提供的服务是主动型的，随时发布和传播各种信息资源的消息，它不断地、主动地为读者提供所需的各种信息资源，提供导航式和个性化服务。这样，图书馆服务模式就由被动式转变为主动式服务。

（六）服务资源共享化

数字图书馆允许多个读者同时存取同一信息资源，不受资料实际存放位置或复本数求的限制；读者只要通过查问联机目录和检索数据库确认了所需资料，图书馆就可将以字符编码形式或电子页面图像形式存储的文献信息传输到远程读者的工作站，供读者浏览或经授权后打印。

（七）服务流程一体化

服务流程一体化是网络环境下信息服务普遍追求的一种服务模式。对读者而言，一体化的信息服务是最理想的服务，因为它能够集咨询功能、文献检索功能和文献提供功能于一体。读者通过网络登录有关数字图书馆网站，签字、提交查询后，数字图书馆服务器就会根据用户的要求帮助用户查找；通过数据转换，将查前结果展现在用户面前，在用户的终端上便可完成整个流程。

（八）服务的产业化

数字图书馆可利用其本身信息资源的优势实现信息服务商业化、产业化。随着文献信息数字化、服务手段多样化和计算机网络技术的广泛应用，数字图书馆已不再是传统意义上的文献信息的存储和传递中心，而是拥有各种资源、数据库和信息服务手段的现代"信息中心"，具备了信息服务产业化的基本条件，将市场观念和效益观念引入数字图书馆，促使其信息服务向产业化转变，必将产生良好的经济效益。

二、数字图书馆服务的内容

数字技术提供了从根本改变图书馆的用户对象、开放时间，以及所提供的服务类型的可能性，因此数字图书馆相比传统图书馆，既扩大了服务的内容，又增强了服务功能。数字图书馆服务的内容可以概括为如下方面：

（一）检索服务

数字图书馆最基本的访问服务是馆藏检索。对数字化馆藏的要求是目录应与馆藏本身无缝连接。其中馆藏不仅包括各种数字化的馆藏信息，还包括各种数据库资源、镜像服务资源以及经过加工整理后的网络信息导航检索。

（二）参考咨询服务

参考咨询服务是数字图书馆信息服务的一项重要内容，数字图书馆应深入社会各阶层，加强与用户的联系，了解用户的需求，开展参考咨询服务。传统图书馆行之有效的参考咨询服务在数字图书馆环境下拓展为基于网络的交互式智能化咨询服务机制。主要有以下形式：提供多层次的咨询服务接口，包括 FAQ 链接，帮助与指导手册，用户讨论组以及通过电子邮件或网络论坛等交互方式实现用户与虚拟咨询员的在线或离线讨论；对用户的网络信息检索过程进行现场智能化引导，检索失败时，提供有效的解决方案和操作指导；针对用户的信息需求进行智能化推送服务。这是一种在用户的检索过程中自动提供与用户需求相关的新资源、新服务介绍和链接的现场报送方式；设立交互式咨询台，直接解答用户输入的疑难问题。

（三）信息筛选和选择型传播服务

信息选择性传播或定题信息服务在资源提供的丰富性与服务手段的方便、快捷、智能化等方面具有传统图书馆不可比拟的优越性，数字图书馆充分利用了现代化的信息技术手段和丰富的馆藏信息资源以及因特网信息资源，能够深入社会生活的各个方面，了解用户的信息需求，为用户提供更优质的定题信息服务和专题信息服务，采用电子邮件式报送、网页式报送、专用信息发送与接收软件报送等互联网信息推送技术向用户定期提供事先选定的专题信息。筛选服务可以通过编制原始信息的摘要向用户提供增值服务。信息筛选的有意义的延伸是利用数字图书馆固有的连接性能来进行合作筛选。在筛选中，用户对馆藏信息进行评定，这些评价又为广大社区人们所共享。因此，热门的内容就很容易被找到，人们能通过相似的概要特征找到别人已发现的有用信息。

（四）用户教育和培训

对用户进行教育和培训是数字图书馆信息服务的一项重要内容。数字图书馆将把正规、非正规和职业学习过程更紧密地综合在一起。数字图书馆提供了打破学校围墙的新机遇，使人们无论在哪里、无论什么时间想学习，都可以学习。除了提供丰富的学习内容，馆员还可以帮助用户获取寻找信息的技巧。数字图书馆支持合作性远程学习，并在帮助参与者准确提出问题、寻找相关材料以及解释和应用信息等方面提供中介服务。

第二节 数字图书馆的虚拟参考服务

一、虚拟参考服务的概念

虚拟参考服务 VRS（Virtual Reference Service）是一种基于 Internet（或 Web）的帮助服务（help services）机制。通过它，用户可以电子的方式（电子邮件、Chat Web Form 等）提出各种问题，请求网上的"信息专家"给予回答，而信息专家的回答也以电子的方式反馈至用户。因此，虚拟参考咨询服务是一项基于因特网的服务，不受系统、资源和地域等条件限制，能利用相关资源通过专家为用户提供 24 小时不间断服务，并能使用户在限定的时间内获得可靠答案的新型虚拟参考服务。其实质是通过网络化、数字化的手段为用户提供咨询服务，帮助用户获取所需信息。

VRS 具有两个明确的特征：首先，区别于传统图书馆参考服务中用户与参考馆员直接面对面的或电话式的信息传递方式，VRS 中用户的提问和专家的回答采用了当今主流的网络信息交流具；其次，区别于一般网络信息搜寻过程，VRS 是以多主题领域的信息专家直接响应用户的各种提问，是一种人工协调的提问—回答服务。专家对用户提问的回答可以是直接、事实性、知识性的最终答案，也可以是印刷版、数字化的源信息的指示线索，或者是两者的有机结合。虚拟参考服务的实现必须具备的基本条件是：计算机网络环境、数字化参考咨询服务系统、数字化参考咨询源、资深的参考馆员。其工作机制主要包括以下几个步骤：

第一步，问题接收。以各种电子方式接收用户的提问。

第二步，提问解析和分派。对接收到的用户提问进行分析、筛选、评估，并查询先前的问题／答案保存文档，看是否有现成的答案。若无现成的答案，系统便将此提问按照一定的规则发至专家库，以寻求能回答问题的最合适的专家，专家库则根据一定的规则顺序问答问题。

第三步，专家生成答案。专家根据自身知识和获取资源，按照一定要求回答问题并产生答案。

第四步，答案发送。专家回答问题后，答案粘贴在系统的回答页面供用户进行查前浏览，当然，答案也可直接发送至用户电子邮件信箱。

第五步，跟踪。通过所记录的提问信息来了解每个问题的处理情况，如需要，可随时将当前处理的状况通报给用户，而每个问题回答后，需将问题和答案进行存档，以便日后查询，这样就逐步形成了供检索的知识库。

二、数字图书馆虚拟参考服务的模式

数字图书馆虚拟参考服务的一般模式有如下几种：

（一）静态的网上咨询服务

该方式中，咨询服务的提供者与接受者之间不发生实时的动态"接洽"，虽然有时一些服务的提供方会定时或不定时地更新其服务内容，但主要服务方式并没有改变。内容包括借阅须知、书目查询、直找资料、网上新书通报、图书馆布局、常用资源介绍、学科导航、读者服务与读者指南、数据库等。

（二）基于电子邮件的虚拟参考咨询服务

这是虚拟参考咨询最早、最简单，也是最流行、最易实现的模式。美国佛罗里达州大学的图书馆于1989年秋季首创电子邮件咨询服务，以后几年里逐渐在大学图书馆和公共图书馆流行。这种模式的表现形式不尽相同，大致有两种形式。

最简单的形式通过链接直接进入，一般是Microsoft（美国微软公司）的Outlook电子邮件应用页面，收件人地址是系统默认的，读者根据自己的需要，如同和一般人交流那样书写信件内容，然后发送即可。接受咨询的一般为参考咨询部门，参考咨询部门收到提问后，通过各种途径，将取得的直接结果信息或者是获取这些信息的途径与方法仍然通过电子邮件传递给读者。

另外一种服务形式是幕后的参考咨询馆员可以呈现在读者的眼前，使读者对各位参考咨询馆员的简历和咨询学科一目了然。读者可根据需求的学科范围，有针对性地选择咨询专家。读者填写提问表单提交或发送，问题通过电子邮件传递给相应的参考咨询馆员，不久，读者就能得到满意的答复。这种形式的服务，一般要求建立一个管理中心或由专人负责。读者的提问和参考咨询馆员的问答在系统设计时都会同时传递到管理中心，管理中心负责统计问答数据和读者信息，协调各参考咨询馆员的网上参考咨询工作。如果参考咨询馆员不能回答读者提问，管理中心或分派给其他咨询人员或自己回答读者提问。

（三）基于实时交互技术的虚拟参考咨询

由于基于电子邮件的虚拟参考咨询不能实现传统面对面咨询中实时交互的功能，人们开始寻求用新的技术和方法来提供能够实现实时交互的虚拟参考咨询服务。据ARL（研究图书馆学会）2001年对其70个成员馆的调查报道，其中有20个图书馆（占29%）已提供实时虚拟参考咨询服务，采用的技术主要是网络聊天室、网络共享白板、网络会议和网络呼叫中心。

使用Internet Chat技术实现虚拟参考咨询，如美国宾州大学商学院的实时参考咨询，主要是通过聊天软件如Live Person等作为支撑，建立虚拟参考咨询服务的聊天室，在图书馆网页上增加此虚拟参考咨询服务的链接。开设不同学科的小聊天室，参考咨询馆员是每个小聊天室的主持人，并对系统有一定的管理权限。读者通过浏览器进入图书馆网站点击"实时虚拟参考咨询"链接后，就启动了这个聊天性质的咨询系统，双方可进行文字形式的咨询交谈和传递咨询结果。

利用网络共享白板或网络会议技术可以让读者与参考咨询馆员通过图像和声音实现面对面的有声交流，又是另一种形式的实时交互虚拟参考咨询。一般利用Net Meeting等软件辅以摄像机、话筒、交谈窗口。系统除了聊天模块，还可同时开启浏览窗口进行数据库检索，并将结果拷贝到聊天模块和白板上进行传输，这样，参考咨询馆员与读者可以面对面同步交流，及时显示图像和文字，达到读者到馆与咨询馆员当面交流同样的效果。

利用网络呼叫中心应用软件，可以集合电子邮件、聊天室、网络会议功能，并将它们与网页共享和应用共享技术相结合。系统提供咨询馆员一对一和一对多的咨询形式。在咨询过程中，双方可以实时传输各种格式的文件，参考咨询馆员可以通过系统同时向多个读者演示和讲解信息检索过程，实现类似远程互动教育的模式。

（四）网络合作化的数字参考咨询服务

这是由多个图书情报机构联合起来形成的一个分布式的虚拟数字参考服务网络。面向更大范围的网络用户提供的一种数字参考服务，它以浩如烟海的因特网资源及丰富的图书馆馆藏资源为依托，以全球图书馆及相关机构的数字网络为桥梁，以一批参考咨询馆员和主题专家为后盾，通过一定的咨询服务系统，为在任何时间、任何地点提问的任何读者提供参考服务。由于电子邮件和实时交互参考咨询的方便性和快捷性，很容易带来咨询请求量的急剧增加，参考咨询馆员也越来越多地遇到超过自身知识能力和图书馆可利用资源有限等难以一下解决的复杂问题。为了解决这些问题，及时、高效地为用户提供高质量的信息，各个图书馆在这项工作中产生了网上资源共建共享协作的理念，充分利用各馆的馆藏资源特色和参考咨询馆员的人力优势，开展跨专业、跨地区、跨国界的全球性的参考咨询协作。基于这种想法，人们开始探索利用网络技术建立多个机构甚至多个系统的合作化的虚拟参考咨询服务系统。

三、国内外数字化参考咨询服务的实践

（一）国外数字化参考咨询服务的实践

1. 美国教育部资助的虚拟咨询台系统

美国教育部资助的虚拟咨询台系统是一个代表性的合作咨询项目，它以80多个专家咨询网站为基础，为中小学师生提供7×24小时的专家咨询服务。专家咨询网站，又称为AskA服务网站，网络用户可直接进入相应网站提出问题，这些问题被传给具有专家身份的人员，他们问答问题后，将答案用电子邮件传给提问者。一般每个专家咨询网站都有若干专家来回答问题，或者利用邮件群在一组专家中公布问题和征求答案。虚拟咨询台系统利用网络将这些网站集成在一起，用户可直接向虚拟咨询台提出问题，系统自动地利用所有专家咨询网站的资源来解答用户问题。

2. 美国的 CDRS

CDRS（Collaborative Digital Reference Service）的意思是联合数字参考服务。1999年1月，在美国费城举行的美国图书馆协会冬季会议上，美国国会图书馆在广泛深入调查研究的基础上撰写并递交了建立和开展联合数字参考服务的建议方案。经过一年时间的方案论证与进一步的修订完善，CDRS的实验计划于2000年1月正式启动，并将整个计划分为三个阶段分步实施，2001年1月，在美国华盛顿举行的美国图书馆协会冬季会议上，美国国会图书馆与OCLC联合举行了一个题为"建立虚拟参考咨询台"的研讨会，并公布了双方合作建立与开展CDRS的协议。

CDRS系统是一个由多个图书情报机构、相关组织和个人共同参与进行参考服务的联合服务系统，它的宗旨是在任何时候为任何地点提出问题的任何人提供专业的参考服务。该系统主要由成员属性文件、提问管理器、回答结果集、问答知识库等组成。

CDRS作为一个全新的网上联合参考服务系统，其工作流程与服务管理也是一种全新的模式。一般来说，CDRS工作流程分为接受提问、分派提问、回复提问、存储答复和建立问答知识库五个主要环节。

作为一个全球性的合作项目，CDRS的成员发展非常之快，到2013年11月底，来自澳大利亚、奥地利、保加利亚、加拿大、韩国、新西兰、挪威、新加坡、瑞典、泰国、荷兰、英国、美国和中国香港地区的200多家图书情报机构、相关组织与专家咨询网站加入了CDRS，目前它已成为全球规模最大、服务范围最广的网上数字化参考服务系统。

3. 英国的 Ask a Librarian

EARL（Electronic Access to Resources in Libraries）的意思是图书馆电子化资源的取用。该计划联合了100多所公共图书馆的力量致力网络资源的开发。英国的"公共图书馆网络联盟"旨在促进英国公共图书馆经由网络提供高质量的信息服务，其提供的"请教图书馆馆员"服务就是这样一种服务。

（二）国内数字化参考咨询服务的实践

我国数字化参考咨询服务工作起步较晚，目前尚处于起步阶段，各图书情报机构开展的数字化参考咨询服务大多是单项数字参考咨询服务，只有上海市中心图书馆网上联合知识导航站、广东省中山图书馆专家联合导航等少数网站提供合作化数字参考咨询服务。

1. 上海市中心图书馆网上联合知识导航站

上海市中心图书馆网上联合知识导航站是在初步实现上海市文献资源共建共享基础上，由上海图书馆牵头并联合上海地区公共、科研、高校等图书馆及相关机构，为适应世界图书馆事业发展新趋势，面向现代化、面向世界、面向未来，率先在国内推出的一个旨在向各专业技术和研究人员提供高质量专业参考咨询和知识导航的新型服务项目。

2. 广东省图书馆专家联合导航站

图书馆专家联合导航站的导航队伍由广东省立中山图书馆、超星数字图书馆、中国社会科学院、广东省公共图书馆、解放军医学院图书馆等单位的研究馆员和网上知识渊博、热心参与的读者共同组成，它以图书馆馆藏资源为基础，以因特网的丰富信息资源和各种信息搜寻技术为依托，为社会提供网上参考咨询和文献远程传递服务。

国内外虚拟参考咨询服务的实践表明，开展虚拟参考咨询服务是为了适应知识经济时代发展的需要，通过图书情报界的共同参与和开发，实现数字资源和智力资源的共享。但在数字参考咨询服务的实践中仍有许多问题制约着数字化参考咨询服务的发展，如知识产权问题、质量规范问题、参考馆员队伍建设问题等。

第三节　数字图书馆的主动推送服务

一、信息推送技术

推送技术，又称网播技术，是网络服务器实现主动向客户机传递信息的一种新型服务方式，它克服了以往网络信息采取拉技术的被动服务方式。推送技术的网络信息传输方式是Browser（浏览器）发送服务需求，在所属数据库中进行检索，找到用户所需的信息后，再把信息传送给Browser所属的计算机。推送技术应用于浏览器，是服务器主动向客户机传送信息。推送技术实质上是指一系列的软件，这种软件可以根据用户提交的用户兴趣文档自动搜集用户最可能感兴趣的信息，然后根据用户指定的时间间隔，将信息报送到用户的计算机上。

推送技术的核心思想是建立一个信息代理机制，把由客户端担负的责任转给服务器，由服务器将用户定制好的感兴趣的网上信息用推送或网播的方式直接传送到用户面前。推送客户机软件要求用户必须预先在代理服务器端注册进行信息的初步定制，并向服务器提交个人需求信息。用户在初次使用时，要设定自己所需的信息频道，定制信息将通过互联网自动传播给用户。服务器端主要由一个网络信息搜集器和基于内容的缓存系统来管理网上的动态信息，同时利用自动分类、信息过滤和推送技术为不同的用户整理和提交富有特色的各类信息。当一个服务器通过使用推送软件向客户端推送信息时，推送中介软件（链接推送服务器到客户端的软件）会通过网络的一致性、可靠性、安全性完整地传送信息。

二、信息推送技术的服务形式

信息推送技术的服务形式一般有以下几种：

（一）通知

推送技术的最基本形式是一个简单的通知（notification），如电子邮件。针对这种服务，用户可控制它通知的形式、时间间隔等。通知并不具备很强的交互性和强制性，对资源和信息流量的要求不高。

（二）提要

比简单的通知智能化程度更高的推送技术是提要。提要可实现查看网页或其他信息源，寻找需要匹配的信息，并向用户传递信息。用户要以关键词、日期、数值、比较规则以及其他查询条件提供要查找的信息。提要有很多后台进行的处理活动，不仅是给用户每天一次的报道，它的处理活动还要受查找条件的制约，这些后台处理过程与用户的联系是不可预测的。

（三）自动拉出

它有一组可供用户经常查看的网页。自动拉出将获得所有这些网页，并保存起来供用户以后阅读。自动拉出可以获得许多材料，用户还可以通过电子邮件接收这些材料，或至少通过电子邮件知道这些网页是为个人编制的。

（四）自动推送

自动推送能够根据自身的刷新时间表发布信息。用户可以预订推送信息服务，但需要在网页上连续收听广播，在一般情况下，这种服务要求在用户终端上装有特殊的客户机软件，定期发出更新请求。如果用户不在网页上提出服务要求，将得不到任何服务。利用自动报送，用户得到的可能是全屏报道，或在屏幕底部显示大字标题。这种级别的报送技术有很多交互性，用户可以选择需要查看的信息流，也可以精选发送的信息，或者试探发送用户可能感兴趣的其他信息。

三、信息推送的实现方式

基于不同的技术，信息推送有不同的实现方式。

（一）邮件方式

用电子邮件方式主动将有关信息推送给已在列表中注册的用户，这种方式只需要实现基于互联网的电子邮件发送系统。

（二）基于CGI的推送方式

基于CGI的推动方式是使用服务器扩展CGK公关（网关接口）来扩充原有网络服务器的功能，实现信息报送。这种报送方法是一种最弱意义上的报送，通过这种方法可以获得个性化定制的信息。实质上还是拉取技术，只不过在用户看来，就像报送一样。其基本原理是：网站把HTML表单嵌入网页面中提供给用户，用户在浏览页面时填写并提交进行订阅。由服务器上的CGI命令文件处理后，动态地生成所需的HTML页面，最后由网络服务器将特定信息传送给用户。

（三）客户代理方式

客户代理方式是通过代理服务器来收集用户的兴趣信息，并与信息提供商建立联系，遍历相关站点，收集用户的兴趣内容，然后报送给用户。基于客户代理的推送方式需要为其资源列表和资源的更新状态等信息建立相应的频道定义格式（CDF）文件并置于网络服务器上。从用户的角度来看，服务是透明的，也易于实现。这种实现方式中，主动服务由客户代理提供，因此可将其称为"智能拉取"。

（四）频道方式

频道方式提供包括服务器推送技术、客户部件及开发工具等一整套集成应用环境。它将某些站点定义为浏览器中的频道，用户可以像选择电视频道那样去选择收看感兴趣的、通过网络播送的信息，还可以指定其播放时间。在这里，服务器推送提供主动服务，负责收集信息形成频道内容，然后推送给用户；客户部件则主要负责接收到来的数据及提交指令，并对数据进行处理。通常服务器对信息进行分类组织，先将信息较大的数据推送给用户，若用户需要详细了解某一方面的信息，则再次获取该项内容。因此，这种方式减少了传输的数据量，有效地提高了信息选取的效率。

四、推送技术的工作流程

通过对推送技术的概念和推送方式的分析，可以看出信息推送技术的工作流程如下：

第一，建立用户需求数据库。用户需求在这里完成注册，表述自己的信息需求，经过统计分析，便于做成一个有效的电子身份证，向用户提供主动及时的信息服务。

第二，建立信息库。信息库负责搜集信息，并对信息进行分类整理，确定标准，把个性化的信息标准设立出来，使大量信息遵循这个标准进入信息库。

第三，服务器的信息推送。服务器根据已建立的用户和信息的对应关系，用户接收各种信息的最佳时间和方式等，在适当的时间将适当的信息主动推送到用户的计算机上。

五、数字图书馆中的推送服务

在数字图书馆中利用推送技术可以改变其服务方式，推送技术可将实用的信息"推"给感兴趣的用户，使用户可以坐等信息到来，它可以实现数字图书馆信息的传播与发布，从"读者找信息"转变为"信息找读者"的服务方式。

采用了"推"技术的数字图书馆不仅可以主动地面向整个网络用户服务，还可以从技术上主动锁定一批特定用户群，为他们提供专题信息服务。这不但提高了信息服务的效能，还节省了用户在网上漫无边际查询信息的时间。对于一个数字图书馆的站点，只要建设一个专业信息服务频道，就能够面向自己的用户开展具有很强针对性的主动信息推送服务。

六、推送技术在图书馆中的应用实例

近年来，中国科学院上海文献情报中心围绕该中心图书馆集成系统及其数据资源开发了目次信息推送系统、新书信息推送系统、带有分类选择功能的新书信息推送系统。这些新开发的系统丰富了原图书馆集成系统的功能，改变了信息服务方式，提升了服务层次。

（一）目次信息推送系统

该系统根据用户的要求定期把现期目次通过电子邮件推送给用户。用户只需填写自己感兴趣的50个馆藏核心期刊的刊名和50个主题词，便能通过电子邮件收到该中心基于馆藏的现期目次服务：系统每两个星期便向订购用户推送一次目次信息。这种目次推送服务是基于馆藏的，不仅提供期刊信息，而且可以提供全文浏览。

（二）新书信息推送系统

该系统利用中心图书馆集成系统新书信息资源，通过电子邮件向读者自动提供新书目录推送。目前新书信息推送服务已有500多个用户，在新书上架的同时，向用户推送新书书目，使读者即时了解最新书目信息。

（三）带有分类选择功能的新书信息推送系统

该系统在原新书信息推送系统的基础上开发了带有分类选择功能的新书信息推送系统。系统可根据每个用户的要求对分类法的类目进行选择，以便在推送时，用户获得相应类目的书目信息。

第四节 数字图书馆的定题服务

一、定题服务

定题服务，即信息的选择性传播，是信息工作机构根据一定范围内的用户对某领域的信息需求，确定服务主题，然后围绕主题进行文献信息的搜集、筛选、整理，以定期或不定期的形式提供给用户的一种信息服务业务。

定题信息服务充分利用社会的信息资源和经过开发而存储于检索工具或系统中的信息，通过检索、查找，集中所定主题的现状、成果和发展方面的文献、事实或数据，对其进行重新整理、加工后提供给用户。通过定题信息服务，可以大大缩短用户查找文献信息的时间，有利于提高信息的利用效率。

二、数字图书馆定题服务的特点

数字图书馆的定题服务是用户通过网络形式给出所需信息主题，由图书情报人员通过多种途径，运用多种技术方法提供给用户需求的信息服务过程。在这个服务过程中，图书情报人员是信息检索和完成的主体，用户只提供一定的内容和范围，这种服务是对工作人员的专业知识、网络知识、检索知识和分析、筛选、归纳、总结能力等综合素质的全面考察。

数字图书馆的 SDI（定题服务检索系统）在资源提供的丰富性与服务手段的方便、快捷、智能化等方面具有传统图书馆不可比拟的优越性。它主要采用电子邮件式报送、网页式报送、专用信息发送与接收软件报送等互联网信息推送技术向用户定期提供事先选定的专题信息。它的特点主要表现在：

（一）信息流动由 Pull（拉）向 Push（推）转换

在数字图书馆环境下，SDI 由传统的被动服务模式转向主动服务模式，即由 Pull 向 Push 转变，实行信息主动推送服务模式，在传统的 Client/Server SDI 结构中，信息的传输是按照"拉"（Pull）的模式进行的，服务器所提供的服务是被动的。而在数字图书馆系统中，服务器把信息"推"（Push）给客户和系统。Push 技术在 SDI 中的应用使信息的搜索和发送过程更加个性化、智能化，它一方面可以主动将重要的适时信息立即推送给用户，避免 Pull 方式中的信息滞后现象；另一方面大大减少了用户的重复操作，使得 SDI 中用户和情报人员之间的信息流动更加畅通。

（二）更好地为用户提供信息挖掘服务

在数字图书馆的 SDI 中，信息人员必须在对信息资源的充分发掘、加工改造、扩展开拓、功能放大、发明创造的基础上，才能为用户提供满意的信息。对任何一个特定用户的特定需求来说，数字图书馆中的任何一个信息库都可能是异构数据库，如何从中将最有针对性的信息找出来，必须借助数据挖掘技术。利用数据挖掘技术来改革传统的 SDI 服务方式可以说是数字图书馆 SDI 服务的一个重要技术标志。

（三）SDI 的个性化得以充分体现

SDI 是图书情报机构信息服务中最典型的专业个性化信息服务。传统的文献信息服务手段是利用卡片式、书本式的目录索引及文摘检索工具，通过手工检索为用户提供文献信息服务，其服务手段是一种单一、被动、落后的服务，受时间、空间和服务对象数量的限制，既不能实现真正意义上的个性化信息服务，也不能满足用户的信息需求。而在数字图书馆 SDI 中，这一切均得以改善。由于采用了数据挖掘、智能信息推拉、网页动态生成、智能代理等技术，一方面，使得用户能更快、更准地从信息服务人员提供的信息资源中拉取到自己所需要的最新信息；另一方面，信息服务人员根据用户信息需求，更及时、更有针对性地向用户推送实用信息，从而使 SDI 的个性化信息服务的特点得以充分体现。

三、数字图书馆定题服务的原则

以满足用户信息需求为工作重点的数字图书馆定题服务是在搜集信息的基础，通过科学的方法和利用专门的知识，从研究的角度进行信息分析，为用户提供科技决策、科学管理的信息保证和科学决策的依据、建议和方案等的一种具有高附加价值的深层次知识服务。要做好数字图书馆的定题服务，必须考虑到以下几个原则：

（一）主动性原则

必须了解国内外科技发展战略和研究开发动态趋势，从文献研究的角度了解国际科技的发展热点、态势和科研进展情况，主动搜集有关文献并积累相关知识，选择具有前瞻性、针对性，并与国际接轨的服务课题，主动出击，寻找信息需求用户，努力将潜在用户转化为现实用户。

（二）用户原则

用户原则是指针对不同的用户对象，在充分了解用户信息需求的基础上，为其提供满意的服务。但在实际工作中，用户往往只在时间、空间和内容上提出一个笼统的信息要求，对深层次的信息需求缺乏充分的表达和设想。因此，只有在与用户进行反复交流的基础上才有可能提供令用户满意的服务。在实际操作中，检索系统在与用户的交流中运用其智能化推理机制与知识库，不但要理解用户表达出的显性信息需求，而且要为用户提供有参考价值的检索方案，使用户获得更有价值的信息。

（三）信息搜集原则

1. 准确性

搜集准确的信息是提供定题服务的关键。当代科学技术的高度发展，一方面，导致科学研究越来越专业化；另一方面，学科之间相互渗透交叉，这种跨学科的发展趋势，势必引起科研人员和管理人员知识结构的改变，使之对相关学科信息产生需求，进而扩大其所需信息的学科范围。在信息搜集过程中，既要从整体把握学科发展脉络，又要密切注意其新兴的分支领域的发展动向，做到信息搜集的准确性和超前性。

2. 及时性

定题服务的一个重要目的就是能够快速地为用户提供最新、最准确的信息服务。这就要求数字图书馆系统能够及时搜集各种形式存在的最新信息。

3. 全面性

在信息搜集过程中，不仅要搜集本馆所藏信息资源，还要检索各种网络数据库，或通过共享检索其他图书馆中的信息资源，因为丰富的资源是开展定题服务的基础。

四、数字图书馆中定题信息服务的实现

数字图书馆中定题信息服务的实现过程可表示为：用户给出信息需求—数字图书馆在线服务部—确定检索词—搜寻相关网页—确定并进入相关网页—下载相关信息资源存于本站点—形成用户所需信息资源—以一定的语言、格式将这些资源进行有序化整理，编辑成一个或多个方案—传给用户。

这个信息资源服务过程是对纷繁复杂的网上信息（也包括一部分尚未上网的网外信息）进行分析、筛选，找出其中的有用知识，再对这些知识进行智能重组的过程。

以上是数字图书馆为特定用户提供定题服务的一般过程，作为一个服务项目，还

须注意以下问题:

1. 定题服务用户的选定

即使有现代网络环境的支持,馆员不可能也没必要对每个用户都提供定题信息服务,而应根据其服务宗旨,有目的地选择有价值的用户群。为了正确制定检索策略,需要了解用户的职业、研究领域、信息需求等情况。

2. 课题的选择

选题恰当是保证定题信息服务成功的关键,走好这一步,必须做深入细致的调查研究,掌握课题的价值。如高校图书馆可对全校的科研课题做一个深入细致的调查,了解哪些具有攻关性,哪些关系到领导决策,哪些是需要提供定题服务的。

3. 建立用户提问档,分析所获信息

利用网络通信技术对所获信息,尤其是用户的信息需求建立用户提问档,包括用户账号、姓名等个人资料、提问词及提问词构成的布尔逻辑表达式,等等,以便进行存储、分类和检索。对用户的相关信息,如要求提供服务的形式(如文摘、索引)、喜欢的网上站点、经常使用的数据库等进行搜集、分析,制定合理的检索策略。

4. 注意反馈信息的收集

定题服务不仅需要搜集相关资源,利用网络通信技术,及时提供符合用户需求的网上信息资源,使用提问档得到检索结果,传递给用户。同时要通过网络收集用户反馈信息,主要包括用户提问档的更改意见以及其他建议等。并且利用存储过的提问档对更新后的信息资源进行检索、分析,再把检索结果传递给用户,实现信息跟踪服务,不断满足用户需求。

第五节　数字图书馆的个性化信息服务

一、数字图书馆个性化信息服务的内涵

所谓个性化信息服务,就是根据用户的知识结构、信息需求、行为方式和心理倾向等有的放矢地为具体用户创造符合个性需求的信息服务环境,为其提供定向化的预定信息与服务,并帮助用户建立个人信息系统。

数字图书馆的个性化信息服务是以网络为依托,以用户为中心,围绕用户的兴趣、爱好、习性、专长等个性需求而开展的动态的特定信息服务活动。

个性化信息服务的根本就是要以用户为中心,尊重用户,研究用户的行为和习惯,为用户选择更切合的资源。它具有两个目的:一是用户根据自身的兴趣、爱好和需求

定制自己所需要的信息和服务；二是信息提供者针对用户的个性和特点主动为用户选择并传递最重要的信息和服务，并根据需求变化，动态地改变所提供的信息资源。

数字图书馆的个性化信息服务应包括三个方面的内涵：其一，个性化信息服务的基础是读者总能很容易地登录与自己需求相近的所有数字图书馆系列，即数字图书馆馆藏的个性化；其二，读者可以根据自己的习惯、兴趣、爱好和信息利用任务，制定个性化的界面，完整、准确、便捷地获取自己所需的信息资源和服务；其三，数字图书馆（包括其工作人员）针对读者的个性和特点，主动地为读者选择并传递重要的资源和服务，并根据读者的需求变化动态地更新信息服务，个性化信息服务的宗旨就是尊重读者的需求和选择，体现读者之间的区别，并据此提供不同的信息服务。

二、个性化信息服务的基本要素

个性化信息服务的基本要素包括个性化信息服务中的具体应用、用户建模、信息过滤和信息分流、系统的体系结构及用户模型的评价标准等。

（一）具体应用

个性化用户的具体应用从广义层面上来说，可以分为两类：对情报信息资源的个性化入口和过滤与排序。

1. 个性化入口

个性化入口就是对用户提供网络或信息系统的个性化。主要应用于个性化网站，如著名的搜索引擎 Yahoo（美国雅虎公司）的个性化定制 My Yahoo（类似一份智能化的电子报纸）。它允许用户用简单的词或主题词列表来指定自己的科研项目或感兴趣的主题，个性化入口在电子商务领域是十分普遍的。另外，流行的浏览器，如微软的 IE 和 Google（谷歌）等都允许以一种个性化的方式组织书签。

2. 过滤和排序

过滤和排序是个性化信息服务活动中研究的重点。其内涵是指对信息文档根据用户概貌进行相关度量的排序，过滤掉相关度量少的文档信息。过滤和排序是一个提高返回信息与用户需求信息相匹配的精确度量的过程。

（二）用户建模

用户建模的目的是识别用户的信念、目标和计划以提供个性化的服务。第一步，识别当前用户，即如何获取用户的个性化信息反馈，一般有两条渠道：隐性的用户信息反馈和显性的用户信息反馈。前者是由系统自动记录用户的访问路径、用户在某一页面的停留时间、文档的长度等信息，形成日志文件，通过分析该日志文件总结用户的需求特征。后者需要用户的直接参与，由用户提供一些信息来评价当前的文档页面或给出一定的建议。一般而言，将两种方法结合应用将会取得良好的效果。第二步，给系统加载当前用户的用户模型，如果不存在这样的模型，就按照缺省方式新建一个用户模型。第三步，在用户与系统交互的基础上更新模型，形成更有助于当前用户使用的个性化系统。

（三）信息过滤

每个用户都有自己特定的、长期起作用的信息需求。用这些信息需求组成过滤条件对资源流进行过滤，就可以把资源流中符合需求的内容提取出来，这种方法叫作信息过滤。信息过滤有以下几个层次：一是对一个资源流中的资源，用有限个分类标注符号进行标注，用户的信息需求就体现为有限个分类标注符号的一个子集。这样，过滤的动作就是纯机械的动作，不需要任何智能就可以完成。二是允许用户以不限定范围的关键词语来描述信息需求，以用户选定的关键词语在资源流中进行匹配检索，不符合要求的内容被过滤掉。三是不需要用户做任何事情来描述自己的信息需求，用户的信息需求是系统根据用户访问资源的历史记录自动分析出来的。

（四）信息分流

如果用户的规模和信息资源的规模都非常大，那么分别对每个用户实施信息过滤势必在效率上造成非常大的浪费。原因很简单：不同用户在需求上有交叉和重叠，对各个用户需求的判断也相应地有过程上的交叉。如果把不同的信息需求组成一个方便共享的结构，在实施信息过滤时予以统一的优化调度，就会达到比分别过滤高得多的效率，这种方法叫作信息分流。信息分流在数据结构和算法上都需要精巧的处理。对特定的用户群来说，最理想的结果是平均分流时间最短。相应的判定机制是某种形式的多叉哈夫曼树。

（五）体系结构

体系结构研究的重要问题就是用户建模放在什么位置，是系统的服务器上，还是客户计算机上，或是处于两者之间的代理服务器上。这与上述的信息分流有关，如果要进行信息分流，一般要将用户模型放在服务器上，否则进行信息分流就比较困难。

（六）用户模型的评价标准

一个用户模型的基本评价标准包括：

（1）粒度

分为两种：一是每一个用户一个模型；二是一些用户共用一个模型，即类用户模型。

（2）修改能力

用户模型可以是静态的或动态的，一个静态模型在与用户的交互过程中不发生改变，而动态模型一旦学习到新的信息就及时修改。静态模型可以被预先嵌入一个系统中，或者在系统的初始会话阶段由用户建立。动态模型在整个交互过程中即时获取或修改。

（3）时效性

用户模型可以是短期的或长期的。短期模型建立在当前交互过程中，当前交互过程结束后，可以被放弃。长期模型可以从一个交互过程保持到另一个交互过程中。

（4）模型的数量

指单模型系统和多模型系统。单模型系统是指一个用户只有一个模型。多模型系统是指一个用户可以有多个模型。

三、数字图书馆的个性化信息服务

数字图书馆的个性化信息服务可以从如下几个方面体现：

（一）个性化的界面设置

个性化的界面设置主要包括个性化网页外观定制、栏目布局和内容模块的选择等。网页外观定制主要是定制网页和主题的颜色、网页字体、问候语和网页刷新频率等；栏目布局是确定所选栏目在个性化网页上的布局方式和排列顺序，如在 My Yahoo! 中，可选择按两列或三列方式布局，可设定栏目的上下左右位置和顺序；内容模块的选择主要是对各项信息和服务模块的具体内容进行定制。

（二）个性化信息环境

传统图书馆对不同层次、专业、地域的用户只能提供统一的、适合所有用户的资源和服务，而数字图书馆的个性化信息服务机制就是要求数字图书馆根据用户的特性和需求为之"量身定做"或由用户定制所需的资源和服务，为特定用户和特定任务提供有针对性的资源和服务。

要真正实现个性化信息服务，数字图书馆就必须站在信息提供者的角度，为用户主动创建一种个性化的信息环境。所谓个性化信息环境，是指在数字图书馆环境下，读者可借助数字图书馆提供的一套工具和机制来构建自己的个人馆藏，从而满足特定读者和特定任务的需求，同时提高检索效率。

在数字图书馆个性化信息环境下，读者向某个数字图书馆申请一个账号，读者登录到个性化界面后，可以提交自己的多个检索策略，形成自己的描述文件，数字图书馆会通过一套软件或工具将资源库中满足需求的信息资源创建成特定用户的个人馆藏,并定期检索更新信息资源,将检索到的信息自动分配到发出请求的个性化信息环境中。

(三)个性化的信息快报

个性化的信息快报就是数字图书馆按用户提供的检索条件将资源库中的最新信息及时通知用户的一种服务。

数字图书馆的个性化信息快报服务能为用户自定义检索提供方便。因为在检索过程中,不同的用户有检索习惯和检索技能的差别,他们可能用不同的词汇来表达同一专业概念,对检索结果的选取原则和排序方法也可能不同,这些都是用户个性化的具体表现。因此,个性化的信息快报服务在接收用户档案文件时,应充分支持用户在检索策略、检索方法和检索结果处理方面的个性化。

四、数字图书馆个性化信息服务的实现方式

(一)数字图书馆个性化信息服务的技术基础

由于数字图书馆信息服务的特点和个性化信息服务的特殊性,决定了我们在开展数字图书馆的个性化信息服务过程中必须具备相应的技术基础,建立起相应的技术支持系统。在构筑个性化信息服务技术基础的过程中必须正确处理好以下几个问题:

1. 信息分类问题

分类问题涉及两个方面:一是系统内部对信息的分类。数据库中存储的大量信息必然需要一种分类,以便于信息的管理和查询。这里可以采取一些目前网上比较流行的分类方式。例如,Yahoo、Excite 等,它们所采取的分类方式比较类似于图书管理中的分类方法,涉及面比较广,通用性比较强。二是用户的个性化分类。每个用户对信息所属类型的理解不同,导致他们需要的信息分类方式也不尽相同。因此,数字图书馆信息服务系统提供给用户的应该是一种可以由用户自己决定的分类。

2. 信息搜索问题

关于信息搜索,目前主要有两种方法:一种比较简单的方法是按照现有的搜索引擎中常用的,也是比较传统的方法,即根据原始资料提供者向搜索引擎等大的信息服务商提交的索引信息来获取该信息的链接。这种方法比较适用于大型的信息服务商。但是它所提供的查询方式有限,对需求的满足精度不高,对智能化查询的满足程度相对较低。另一种方法是使用智能代理技术搜索所需信息。目前的主要浏览器和信息检索工具一般都还没有智能搜索功能。

3.安全与隐私保护问题

安全包括用户使用安全和系统管理安全。前者主要包括用户授权和身份认证管理，以保证只有合法的用户才能进入系统，而且用户的账号不被泄露和盗用，后者包括数据库安全管理、数据加密等，以确保用户个人信息安全。隐私保护需要制定完善的隐私保护政策，提供设定用户隐私公开程度的工具和运用保证隐私不外泄的保护技术。

（二）数字图书馆个性化信息服务的模式

目前所提供的个性化信息服务主要是通过个人定制或系统预测的方法来实现。个人定制是指用户可以按照自己的目的和需求在特定的系统功能和服务形式中，自己设定信息的来源方式、表现形式，选取特定的系统服务功能。系统预测是通过对用户提交的访问习惯、栏目偏好等信息进行分析，自动组合出对用户有用的最新资料并发送给用户。

1.电子邮件服务模式

通过电子邮件来开展个性化信息服务有许多独特的优势。一是操作简单，通过电子邮件获取信息，不用掌握复杂的计算机知识和检索技巧。二是可以实现定时发送，可以按照用户指定的时间和优先级别来发送邮件。三是可以实现电子邮件的群发功能，同时对全部用户或部分用户发送指定的邮件。四是电子邮件下载完毕后，就可以脱机浏览，从而节省大量通信时间和费用。

2.即时呼叫服务模式

即时呼叫服务模式是一种专门供点对点信息传递的个性化服务系统。这是一种集电话、传真机、计算机等通信办公设备于一体的交互式业务系统。用户可以通过电话接入、传真接入、拨号接入和访问站点等多种方式进入系统，在系统提供的帮助下访问系统的数据库，获取各种信息或完成相应的事务处理。

3.页面定制服务模式

在网络世界里，信息的基本单位是页，通过页面设置链接，点击链接，即可索取感兴趣的页面。页面服务模式又可以分为静态页面服务模式和动态页面服务模式。静态页面是网络信息的基本组织形式，系统将信息用 HTML 语言进行组织，以一个或多个固定的页面提供信息。动态页面则是用户通过选择一定的条件提交给网络服务器，网络服务器依据提交的条件，从数据库中选择符合要求的页面提供给用户。随着信息技术和数据库技术的日趋成熟，人们越来越趋向选用动态页面，因为它能提供更高的智能交互，减少服务费用和时间。

4.信息推送服务模式

该模式目前主要分为两大类：一类是借助电子信箱，并依赖人工参与的信息推送服务模式。另一类是由智能软件完成的自动化信息推送服务模式：应用信息推送技术建立网络传播站，通过智能化的代理服务器从海量信息中不断分拣出用户所需要的信息。

第六节　数字图书馆用户培训

数字图书馆对用户的整体素质提出了更高的要求，从而使图书馆的用户发生了变化，那些受教育程度高的用户能熟练地通过网络获取自己所需的各种信息，而有些用户由于所受教育的程度有限，难以在网络环境下自如地获取信息。这样的用户环境对数字图书馆建设提出了新的要求，即在对用户情况及用户需求调研的基础上定期开展用户教育和培训，向他们介绍新信息技术，传授信息获取的途径和方法，逐步改变用户获取、利用信息的传统习惯，帮助用户更好地利用数字图书馆。

一、数字图书馆用户培训的原则

众所周知，用户培训的目的不在于把用户训练成能够专门从事信息传递中介的图书情报工作人员，而是为使他们能够积极地利用信息，能够正确地表述自己的情报需求，不要求他们全面掌握图书馆学、目录学、情报学理论，而只是要求他们具有获取与利用他们所需要信息的能力。用户接受培训，并非希望将来以此为职业，而是为了能有利于满足自己的信息需求，即"学"是为了"用"。符合这一目的的培训，用户才乐于接受。

（一）针对性原则

用户是一定社会条件下形成的用户，在不同的社会环境影响下，用户会形成不同程度的信息意识和利用信息的能力。这些影响因素包括国别、地区、城乡、行业、种族、家庭条件等多方面。用户培训的目的不是改变用户的基本社会条件，而是尊重历史和现实，顺应客观环境，从用户实际接受能力出发，针对用户具体情况予以相应的教育和引导。

（二）循序渐进原则

用户培训的目标是让用户能够主动、熟练地利用文献与情报，这是一个伴随知识和信息需求的不断增长才能逐步深化的渐进过程。只有具有前期奠定的深刻感性认识基础，才能有中期的知识与技能提高，也才能有后期的自如运用。对用户培训来说，循序渐进意味着要对不同用户，按其年龄、知识水平、需求程度等分阶段地培训，要有针对性，使其从感性认识上升到理性认识。

（三）适用性原则

对用户进行培训实质是把能满足对知识需求的方法或技能交给用户自己去做，使用户感动自我满足，即由被动满足变成主动满足。这种满足必须以一定的需求为前提和动力，驱使自己做出这方面的行为，从而实现愿望，然后再产生进一步的需求，再接受培训，再实现自我满足。这里，一定的情报需求是关键，对用户的培训只有在适应一定的信息需求后，才能取得较好的效果。

（四）效益性原则

数字图书馆用户培训要讲究效益，而且要以社会效益为主，经济效益为辅；要以短期效益为主，长期效益为辅。让用户在不断满足自己信息需求的过程中，培养自己的信息素质。

（五）超前性原则

数字图书馆用户培训对用户来讲是先学而后用的问题，对培训工作来讲是帮助用户解决日后在信息检索中遇到的问题。因此，在不失效益原则的前提下，在培训内容的选择上，不要仅仅停留在经验性和事实性的传授，还要适度选取预见性的内容；在培训对象的选择上，不要仅仅是培训现实用户，还要注重潜在用户的培训，让更多的潜在用户转变为现实用户。

二、数字图书馆用户培训的方法

数字图书馆是一种新生事物。如何使其被充分了解并得到广泛应用是数字图书馆能否健康发展的关键，进行数字图书馆用户培训，一方面要使用户正确使用它；另一方面，要让更多的人了解它，即把潜在用户转变为现实用户。下面介绍几种有效的培训方法：

（一）当面辅导培训法

这是指数字图书馆工作人员在接受用户提出的询问时，结合当时情况，当面给用户讲解有关的知识和使用方法、技巧，举一反三，让用户得到服务和信息的同时，也掌握了一定的使用方法。这种结合实际的用户培训方法简单易行，行之有效。它既不需要专门的培训组织，又不需要很多的培训人员和设施；它既可以个别辅导，又可以集体辅导；亦是对当前情况的辅导，解决当前问题，又是对将来的指导，让用户避免将来遇到同样的问题。当然，这种方法对数字图书馆工作人员的责任心、业务素质、职业道德等方面有很高的要求。

（二）书面辅导培训法

这种方法是指有关部门把事先准备好的书面材料分发给用户。用户通过自学得以对数字图书馆全面了解，这种方法对有一定自学能力和信息活动体验的现实用户是有效的。

（三）办班集中培训法

这种方法是根据用户的不同类型，分别举办专门的短期学习班、讲习班、研讨班、训练班、强化班等各种形式的培训班，让用户在短时间内掌握数字图书馆的使用方法，并能够通过利用数字图书馆提高自己的业务工作。这是用户培训活动中常常使用的方法，这种方法的主要优点是能够在短期内有效地培训更多的用户。

（四）用户交流培训法

与前几种方法不同，这种方法的培训者和培训对象都是用户，通过用户间的交流，相互学习、相互帮助，达到对数字图书馆的全面认识。如组织用户经验交流会、报告会、用户协会、用户联谊会、有奖竞赛等，都可以成为用户交流培训的具体形式。这种方法的优点是培训形式灵活多样，往往会收到意想不到的效果。

（五）媒介培训法

这种方法是通过运用某种媒介向用户进行宣传教育。如电视讲座、广播讲座以及融教育性与艺术性于一体的公益广告等。媒介培训法因其受众面广，对某方面知识的普及提高有很强的功效。

（六）参观培训法

参观培训法是指有关机构根据用户培训的教学要求组织用户到数字图书馆的现场观察其内部结构和运行机制，以获取相关知识的一种方法。该方法的优点在于：首先，能提高知识信息的传递速度。多项研究表明，看与听相比，通常可多记住1倍以上的内容。在视觉信息传递中，看实物比看图像要快3~4倍。通过实地参观，能获得正确、鲜明、切实的感性知识。其次，用户可以了解到最新的进展情况。现场参观比使用教材更能够紧跟发展动态，它可以避免教材的滞后性。

（七）网上实时帮助

用户在使用数字图书馆查阅资料时，根据用户的信息需求内容，实时帮助用户分析出最佳检索词，构建最佳检索表达式，久而久之，培养出用户独立检索的能力。这种方法易于被用户接受，在帮助用户解决实际问题的同时，也对用户进行了培训。

第四章 数字图书馆管理的创新

第一节 网络的迅速推广与普及

从宏观和整体角度来看，图书馆事业的发展和图书馆形态的演变，是在图书馆系统内部驱动力和外部推动力的双重作用下得以发生和实现的。内部驱动力主要是图书馆因无法充分及时地满足社会需要和广大用户需求而产生的自我变革动力；外部推动力主要来自图书馆所赖以存在的信息环境的变化。社会经济结构、技术结构、文化结构等的变动与相互作用推动了信息环境的变化进而对图书馆发生作用、产生影响，推动着图书馆的演进。

认识数字图书馆的产生背景，也要从其产生的内在驱动力和外部推动力两个角度考虑。数字图书馆出现的时代背景——适应信息时代和信息社会需要的现代化（自动化、网络化、数字化等）图书馆；技术基础——90年代建设信息高速公路需要集当代先进信息技术之大成，也为数字图书馆的试验提供了充分的技术准备；文化适应性——适应数字信息文化时代和文化领域信息化要求的必然是以数字信息资源为收藏主体和重点服务模式的数字图书馆。

一、信息高速公路建设中的数字图书馆

20世纪90年代以来，全球范围内掀起了新一轮的信息化浪潮，这就是以美国为策源地、波及世界许多国家和地区的国家信息基础设施（NII，俗称信息高速公路）建设热潮。信息基础设施的建设，是图书馆所处信息环境发生变化的重要源，也是数字图书馆可能得以实现的重要推动因素。因为信息基础设施建设中将图书馆文献信息资源放在显著的重要位置，从而对图书馆提出了更高的要求；信息基础设施建设中需要应用大量的高新信息技术，可以说是集现代信息技术之大成，而数字图书馆建设所需的信息技术大部分都可以包容于其中，从而为数字图书馆的并发和试验进行了技术储备；另外，数字图书馆示范项目已被列入全球信息基础设施 CID 建设规划中，各网和

地区也都相应地重视建设适合小国信息高速公路需要的数字图书馆，从这个角度看，数字图书馆产生的背后有政策驱动因素存在。

（一）全球信息高速公路建设的热潮

1993年9月美国宣布实施为期20年、耗资2000—4000亿美元、"将永久改变美国人生活、工作和相互沟通方式"的NII计划后，包括中国在内的许多国家和地区都做出了积极反应，纷纷出台了各自相应的计划。

（二）信息高速公路中图书馆的重要性

这方面国内外都有大量的专题文章加以讨论，无须多加介绍。需要指出的是，数字图书馆是NII五大要素（信息资源、信息设施、信息系统、信息网络、信息主体）中信息资源要素极其重要的组成部分，同时是重要的应用信息系统。这种地位和作用，反映了NII对数字图书馆的需要，也反映了社会整体的信息需求。

（三）作为GII重要示范项目之一的数字图书馆

1995年，广受重视的国家信息基础设施（NII）出现了向区域信息基础设施（RII）和全球信息基础设施（GII）发展的重大趋势。

（四）信息高速公路建设及其最终实现

信息高速公路建设及其最终实现将最大限度地利用当前及未来众多的信息技术，而建设数字图书馆可以直接利用这些信息技术成就。这就是说，信息高速公路建设所需的技术奠定了数字图书馆建设的技术基础。

信息高速公路是以计算机技术、网络通信技术、多媒体技术等先进的信息技术为基础，以光导纤维、数字卫星系统等为主要信息传输载体，以最快速度传递和处理信息、最大限度地实现全社会信息资源共享和高度社会经济信息化为目的，运用遍及各个地区的大容量、高速交互式信息网络把政府机构、科研单位、公司企业、医疗部门、图书馆、学校、家庭等的信息终端连接起来，从而奠定面向未来的社会基础设施。因此，信息高速公路建设所涉及的信息技术是极其广泛的。信息高速公路的建设既有赖于这些技术的发展，又将推动计算机技术、通信技术、网络技术、多媒体技术、分布式数据库技术等的发展，而这些技术正是发展数字图书馆所需要的。可以说，信息高速公路的建设使数字图书馆的实现成为可能。

二、Internet 网络的迅速推广与普及

Internet 计算机网络的迅速推广与普及构成了现代信息环境的第二个重要变化面。它为数字图书馆的出现提供了现实的网络环境和丰富的电子资源。Internet 最早起源美国国防部高级研究计划局（ARPA）资助建立的 ARPANET。20 世纪 80 年代初，美国国家科学基金会（NSF）对 ARPANET 进行了重建，同时将大量的学术、教育、研究和非营利机构并入网内，并将网络改称为 NSFnet。随着计算机、远程通信技术的发展和社会对信息交流与共享需求的增长，大批各种各样的网络连接到 NSFnet 上，人们将这个以 NSFnet 为主干并连接了大量具有不同软硬件的计算机网络称为 Internet。可见 Internet 就是网络的网络，是以广域网把无数局域网互相连接起来（利用 TCP/IP 协议）的网络。

Internet 为数字图书馆的产生提供了现实的网络环境。使用户能通过网络联机存取图书馆内外的信息资源是数字图书馆的目标之一。用户在图书馆内的终端，或在家中、办公室、实验室等与数字图书馆网关相连的终端前，经过局域网和广域网的连接与 Internet 相连，即可即时存取国际互联网上浩瀚的信息。Internet 在网络技术、网络化信息资源、网络服务应用等方面都堪称现代化信息服务的典范，所以数字图书馆的建立和实现当以 Internet 为依托，并要充分利用 Internet 所提供的网络环境、网络化信息资源与服务。

图书馆可以利用 Internet 网上的应用服务系统开发专门的应用服务，这样不仅可以从 Internet 检索信息，还能向 Internet 贡献自己拥有的信息资源。电子邮件（E-mail）、远程登录（TELNET）、文件传送（FTP）是 Internet 网络提供的最基本的三种信息服务应用工具，近年来又有许多建立在上述三种应用协议上的高级应用服务问世，如 Archie、Gopher、WAIS、WWW 等。它们为图书馆开展网络化信息服务提供了有利条件。现在很多图书馆都在 Internet 上建立了本馆的 Gopher 系统，如美国国会图书馆通过自建的 Gopher 系统为广大用户提供美国政府出版物和珍本资料的全文和影像，同时还以专业化的信息分类方法收集网络信息，国会图书馆还准备到 2000 年时将馆藏 500 万件历史文献数字化转换后通过 Internet 供全球共享。有些图书馆还以 Internet 为基础，开发了多种基于网络的电子文献传递系统，包括利用 Internet 的 FTP 传送电子与非电子文献系统、利用 Internet 检索联机数据库和 OPAC 并传递文献的系统、直接检索 Internet 资源并对其进行传递的系统等。著名的如美国研究图书馆组织（RLG）的 Ariel 文献传递系统、美国科罗拉多州研究图书馆联盟（CARL）的 UNCOVER 电子文献传递系统等。

由于 Internet 通过计算机网络互联而连接了庞大的信息资源，目前网上已出现了"虚

拟图书馆"的框架。其基本构成模式是：由世界上某学科声望很高的一个学校（或机构）负责收集、整理 Internet 上有关该学科的信息、资料提供友好、全面、深入、有权威的信息引导及咨询服务，建立该学科的信息中心，该学科信息中心之下可能又建立若干子学科信息中心。在这些学科信息中心之上，再由一个或几个有能力、有条件的机构负责引导用户到各学科信息中心，并向用户提供有关咨询服务，从而逐步形成覆盖绝大多数学科的"虚拟图书馆"。这样，全世界的网络用户就可以不受时间、空间的限制，共享全球高质量的、经过筛选和过滤的信息资源。这种所谓的"虚拟图书馆"只是网络环境中的一种高质量的信息服务手段和方式，并且需要有关的机构（有时会是实在的图书馆）来完成。数字图书馆的建设也需要借鉴这种控制和过滤 Internet 信息的"虚拟图书馆"服务方式。

总之，Internet 计算机网络的迅速推广和普及有力地推动了图书馆信息环境的变化，为图书馆的信息资源和信息服务在深度和广度上发生质的变化提供了可能性。作为未来信息高速公路的雏形和最重要的基础设施之一，Internet 网络以其无孔不入的强渗透性融入了人类社会的各个领域，它将促成人类文化结构的重大变动——全新的电子信息文化正在形成之中。正如适应印刷文化需要的图书馆是纸介质印刷文献图书馆一样，适应电子信息文化需要的则将是以电子信息资源为主体的数字图书馆。

三、数字图书馆产生的内在驱动力

新的信息环境的变化（如信息高速公路热潮的兴起、Internet 网络的迅速推广与普及、电子信息资源的激增等）为数字图书馆的产生提供了条件和可能性，而从发生机理来看，数字图书馆的产生还有其内在的驱动力，这就是：陷入困境的当代图书馆为摆脱困境、寻求新的发展机会的自我变革动力。当代图书馆的困境主要体现在以下几个方面：

第一，图书馆经费开支的有限增长不仅赶不上文献量的爆炸性增长，更抵消不了期刊价格上涨的幅度，出现了严重的图书馆经济危机。人们对这种状况的根源进行了深刻的反思，经济问题也成为世界图书馆界从理论到实践的深入研究领域。

第二，图书馆主要收藏书刊等印刷文献（虽然视听文献、缩微文献、机读产品、光盘出版物等有所增加），而传统印刷文献体积较大、存储密度低的弱点使图书馆的馆舍空间不堪重负。空间不足以成为世界各国图书馆普遍存在的一种"慢性病"。在数字图书馆中使用的高科技产品则具有惊人的存储容量,非常显著地节省了馆舍空间。如果传统图书馆在书架上按直线方式排放 18.72 万册书，书架长度将达 2.34 万英尺，占用图书馆空间 10300 平方英尺（近千平方米）。

第三，传统印刷文献的寿命有限，加大了图书馆文献保护的开支与难度。

第四，严重的图书馆经济危机不仅使图书馆经费不足，购买的书刊品种和数量大大减少，服务能力和水平持续下降，而且使设备陈旧却无法维修或更换，还无力购买或开发各种现代化信息服务系统与业务管理系统。再加上传统上图书馆的社会地位不高、形象不佳等原因，图书馆的大量专业人员流失，又无法补充合格的专业图书馆馆员，于是服务水平和业务工作质量进一步下降，如此造成恶性循环，直接诱发出图书馆事业的停滞、危机甚至倒退。

第五，传统图书馆以收藏书刊等印刷文献为重点，长期"重藏轻用"，即使开展了信息服务，也因手段落后、服务形式单一、所提供的信息往往是教科书式的过时信息等原因，而不能充分满足图书馆用户的需求和社会的需要。在现代信息环境中，图书馆再也不是最大的、唯一的信息来源，电视、广播、报纸、杂志、网络、多媒体等为人们提供了图像、声音、文字、动画等全方位的信息，这些信息渠道往往比图书馆更为快捷、方便和直接。对相当大一部分用户来说，通过上述渠道所获取的信息几乎就可以满足其日常工作、社会活动和科研对信息的需要。Internet近几年用户数量的爆炸性增长即说明了这一点。

总之，传统图书馆的困境是客观存在的，它的形成原因也非常复杂。陷入困境的图书馆要继续发展、摆脱困境，就必须审慎地反思、积极地思变。在20世纪90年代的图书情报刊物中，经常可以看到众多由词头"re"构成的英文词，如图书馆"工程重建"、图书馆服务"重新设计"、图书馆"重新组织"、图书馆"重新结构化"、图书馆馆员"重新培训"（training）等，甚至还有图书馆"重新起步"的说法。这些新词体现了人们认识到在当今全新的信息环境中需要改造、变革传统的图书馆。变革的原因一是为了适应新信息环境的需要，二是摆脱困境和进一步发展图书馆事业。变革的可能方向就是积极不懈地努力发展数字图书馆。

第二节　电子信息资源的激增

电子信息资源是信息资源的一种，是电子化了的信息资源，即以电子数据的形式，把文字、图形、图像、声音等多种形式的信息存放在光、磁等非印刷型介质上，以电信号、光信号的形式传输，并通过相应的计算机和其他外部设备再现出来的一种信息资源。

一、电子信息资源的特点

电子信息资源可以分为两大类：模拟信息资源和数字信息资源。模拟信息资源是通过广播、电影、电视和录像等以查拟信号来传递的信息资源。数字信息资源是通过电子计算机等以数字信号来传递的信息资源。数字信息资源是电子信息的主体，因此，我们目前所说的电子信息资源主要指的是数字信息资源。电子信息资源具有以下特点：

（一）信息存储形式为文本—超文本—多媒体—超媒体

这使得信息的组织方式发生了巨大的变化，不仅以知识和信息为基本单元，而且充分展示这些单元逻辑关系，为网络环境下不同形式的信息资源的管理和开发利用提供支持。由传统的顺序、线性排列，通过利用数字化存储技术，发展到超文本、超媒体技术，使得信息可按照自身的逻辑关系组成相互联系的、直接的、非线性的网状结构。

（二）存储介质发生转换

信息资源由纸张上的文字变成磁性介质上的电磁信号或光介质上的光信号，从模拟信号转变为数字信号，使信号的存储传递和查询更加方便，且存储信息密度高、容量大，可以无损耗地被重复利用。

（三）以现代信息技术为记录手段，是一种数字化的信息资源

信息以数字化的形式存在，既可在计算机内高速处理，又可借助通信网络进行远距离传播，这使得共享全球信息资源成为可能，而且随着网络的进一步扩大与应用范围的拓宽，数字化的信息资源将成为信息资源的最终转换方式。

（四）内容丰富

它既可以是文字、图表等静态信息，也可以是集图、文声、像于一体的动态多媒体信息，并且各种类型的数据又可借助计算机实现任意的组合编辑，把枯燥的文字信息转化为形式多样、活泼的数字信息，界面友好，易于人机沟通。

（五）数据结构具有通用性、开放性和标准化的特点

它的网络环境下，可被数人同时访问，是一种共享性的信息资源。在讲求兼容性与标准化的信息社会中，数字信息资源易于实现信息资源的扩充，以及各信息系统之间的互联与互操作。

（六）具有高度的整合性

电子信息资源不受时间、空间的限制，可以实现跨时空、跨行业的传播。

(七)便于各种媒介信息的一体化

电子信息资源的相互转移和二次开发易于形成各种数据库，便于检索与使用，增大信息资源的利用价值。

(八)交互式性能增强

由于数字信息资源存储在计算机能够识别的介质上，因此随着计算机软件的更新与性能的日益提高，用户逐步具有更多主动性。他们不仅是数字信息资源的利用者，而且将成为数字信息资源的开发主体。

二、电子信息资源激增的条件

(一)我国社会发展的需要

随着世界技术革命的兴起，信息时代的到来，人们逐渐认识到21世纪是信息化世纪，信息资源已成为战略性的资源，国际竞争则更多地体现在对信息资源的竞争。谁占有更多的信息资源，谁就能在激烈的竞争中拥有更多的主动权和竞争力。这是因为，国际间的竞争已经不再是军事实力的竞争，而是经济的竞争，而经济的竞争上又是科技的竞争。从经济角度来看，现代经济是信息密集型经济，人类社会的物质生活正在由"物质经济"向"信息经济"过渡。"物质经济"是以大规模地使用和消耗原材料、能源为基础的，而"信息经济"则是大量减少原料、能源和劳力的消耗，提高其中的智能和信息的效能。经济对信息的依赖程度空前增强，信息已成为促进经济增长的关键性因素，在整个经济发展中起到催化剂和倍增器和作用。在目前信息资源更是以其他信息资源难以比拟的覆盖面广、内容丰富、传递速度快、不受时间限制、易于检索和交互性好等优点成为信息资源争夺的焦点。

电子信息资源具有极强的共享性，谁先利用，谁就占尽行机。美国未来学家托夫勒认为，在新的技术革命面前，发展中国家与发达国家都在同一起跑线上。美国经济学家罗斯托认为，发展中国家可以以发达国家已经走过的道路为借鉴，跳动过某些传统工业发展阶段，直接采用第四次工业革命的成果。比如中国，现在就可以同时采用第三和第四次工业革命的成果。尤其是在较先进的经济部门注意吸收第四次工业革命的成果，这将对中国的经济起到巨大的推动作用。当前，我国社会正处于从工业社会向信息社会转型的时期，虽然信息设备制造业和信息服务业已初具规模，信息产业作为一门独立产业的地位也得以确立，但不可否认的是，对照发达国家，我国目前的尚不乐观。由于受经费、技术、设备、观念的限制，全民族的信息意识还很薄弱，大量用户尚不知道如何获取、利用电子信息资源，而信息资源价值的实现与否恰恰在于人们对其利用程度的高低。我国对电子信息资源的利用已经成为这个国家现代化程度标志之一。因此，我国社会要发展，要在国际间的竞争占据优势，就必须重视对电子信息资源的利用。

（二）个人生存发展的需要

社会发展的需要求人们能够利用电子信息资源，同时，对人们的基本生存也提出了新的要求。美国未来的学家德雷伯·考夫曼在《讲授未来》一书中指出，未来社会对人类提出的六项基础要求的第一项就是"获取情报和信息的技能"。未来社会即是信息化社会，通过用户培训，可以强化全民的信息意识，唤起用户潜在信息需求，使之向实际需求转化，主动采取"查找信息的行为"，也就是说，获取信息的意识与能力将成为人们在未来社会里生存和发展的基本素质之一。

1. 从生存的角度来看未来社会将是数字化社会，"数字化生存"的生活方式要求我们必须具有获取和利用电子信息资源的意识和能力。1996年被美国《时代》周刊列为当代最有影响的未来学家之一的尼古拉·尼葛洛庞帝在其《数字化生存》中指出，地球这个数字化的行星在人们的感觉中，将会变得仿佛只有针尖般大小。也就是说，现代信息技术拉近了人们之间的距离。在信息社会中，不了解、不掌握电子信息资源检索是无法做到全面、准确、方便和快捷地利用信息的，信息渠道不畅通，就会成为未来社会中的"信息盲"，并将丧失一些基本生活能力。以我们社会中最常见的购物、医疗、教育为例，在数字化生存的社会里，人们的生活方式发生了革命性的变化，足不出户，就可实现网上购物、网上医疗、网上远程教育，电子信息资源成为人们生活中必不可少的一部分。有效地用电子信息资源无疑会有助于人们生活方式的改善。

2. 从发展的角度来讲，当今世界上正在进行着由工业经济向信息经济的演进，这是经济发展的客观规律。信息经济的特点是：以知识信息产业为主的第四产业，逐渐取代传统的制造业，在经济成分中占据主导地位；职工中不仅白领工人占多数，而且出现"金领工人"，即脱离第一线生产岗位，专门担负电子信息控制职责的管理人员；看一个人的知识水平，不仅看他掌握了多少知识，而且要看他是否能充分利用电子信息网络中的知识信息；以往企业的成本主要由动产和不动产的资金含量决定，而在信息经济中，信息、专利等无形资产在整个资产中所占分量越来越高；企业经营中信息的投入对增值的作用越来越大，信息是经济效益的倍增器。信息经济的这些特点，决定了我们每个人要想在信息经济的环境下有所发展，有所成就，就必须做到对信息资源的利用，尤其是对电子信息资源的利用。

三、电子信息资源的激增为现代图书馆的信息环境奠定了基础

有人说："电子出版物的出现和蓬勃发展导致了数字图书馆的产生"，这种说法虽然过于简单，但在某种意义上反映了电子出版物等电子信息资源对于数字图书馆的重要性，它们的确是数字图书馆的重要物质基础。Internet 上有大量的电子信息资源，但也有相当大一部分并未通过 Internet 提供使用。电子信息资源虽然种类繁多并可从多种角度划分，但基本上可分为联机存取的和单独发行的两大类。前者以数据库和网络为基础，以计算机主机硬盘或光盘为存储介质，通过联机方式向用户提供服务；后者则以机器可读磁带、软磁盘、只读光盘、交互式光盘（CD-ROM）、集成电路卡（IC-Card）等为载体，以单个发行的方式向用户提供服务，其中 CD-ROM 是最具代表性的主流产品，其发展尤为引人瞩目。概括地说，所有以电子数据的形式把文字、图像、声音、动画等多种形式的信息存储在光、磁等非印刷纸介质的载体中，并通过网络通信、计算机或终端等方式再现出来的信息资源，都属于电子信息资源的范畴。很显然，这是一个很宽泛的、非本质的概括。也有人把电子出版物分为联机数据库型、计算机通信型、封装型三种，从这个角度看，电子出版物无疑是电子信息资源的主体。不管如何划分，电子出版物无疑构成了数字图书馆的重要馆藏，是其得以产生的信息资源基础。

（一）数据库——联机存取类电子信息资源的主体

数据库数量和容量不仅发展速度惊人，而且依然保持着高速增长的势头。数据库的种类有文字型（包括书目、文摘、专利、指南、辞典和全文文本数据库等）、数值型、图像型、事实型、多媒体型、超文本型、软件型等多种形式。

（二）光盘出版物——单独发行的电子信息资源的主流

近十几年来光盘出版物因容量大、价格适中等优点得以迅速发展，出现了持续爆炸性增长的势头。光盘出版物从内容上看主要有以下几类：字典、辞典、百科全书；书刊及馆藏资料目录，专业/学科的文摘、索引、题录；全文数据库；教育、科技、社科类图书；专利；副图、画册、手册、邮票集；各类软件等。其中尤以词典、百科全书、数据库、娱乐教养、学校教材等类光盘出版物发展最快。人们相信，将有许多新的数据库和取代现有数据库的 CD-ROM 产品出现，因为 CD-ROM 技术已得到各界认可，而且 CD-ROM 产品的持续高速增长体现了其巨大的市场潜力和发展前景。世界上目前已有不少知名的 CD-ROM 出版商，如图书馆界很熟悉的 ADONIS 和 UML。欧洲的 ADONIS 是 Backwell 科学出版公司，Elsevier 出版集团和 Springer 国际出版集团

共同开发的文献传递服务系统，1995年时将生物医学、药学、生物化学、生物技术等方面640种以上的期刊用页点阵信息存储力式制成CD-ROM出版物，全年50张CD-ROM共收录了20万篇以上的期刊论文；美国UMI（大学缩微公司）的商业期刊光盘（BPo）把340种商业、经济方面的期刊论文也以页点阵方式制成CD-ROM，向全世界发行。针对CD-ROM的急速发展，国外曾有人评价说："如果说80年代是微机的天下，那么90年代将是CD-ROM的天下。"纸张型索引、大量的参考工具书和馆藏以及较重要的目录和数据库都将迅速地转换到CD-ROM上。这种转换将影响到查用指导、预算分配和图书馆内部设计等。显然CD-ROM出版物将是数字图书馆需要采集的信息资源品种，而CD-ROM.WORM等也将是数字图书馆改造传统馆藏、进行数字化转换、保存重要典籍文献的主要存储介质。

（三）电子期刊、电子报纸

最早的电子期刊试验是1976年美国国家科学基金会（NSF）主持的"电子信息交换系统（EIES）"项目中进行的电子期刊试验。其后有关方面进行了一系列的电子期刊试验，如1978—1979年的项目、1980—1984年的BLEND项目（英国伯明翰与拉夫堡电子网络发展项目）、1991年的TULIP项目、1993年的SJPS项目和Red Sage项目以及ADONIS、Un-cover、UMI、ACS／POD、LULTP等众多研究与试验。经过20年的发展电子期刊已从最初第一代的软盘期刊、第二代的CD-ROM期刊，发展到了第三代的联机网络期刊。目前虽然是二代电子期刊并存的局面，但联机网络期刊是最重要也是最有发展前途的，因为随着Internet计算机网络的普及，越来越多的期刊开始通过网络出版发行。从现状和态势来看，电子期刊虽还不足以取代印本期刊，但它的发展潜力很大。电子报纸将报纸的内容通过计算机网络以联机方式进行传送。

以上择其主要地概述了数据库、光盘出版物、电子期刊与报纸等电子信息资源的迅猛发展情况，这里技术的推动固然是关键，而它们迎合了社会需要、用户需求也是其市场和应用能不断扩大的重要原因。总之，Internet网络上的信息资源和其他非Internet信息资源将构成数字图书馆重要的信息资源基础。

第三节　相对传统图书馆信息服务的变革

一、信息服务业概述

迄今为止，在各国的产业分类标准中，关于信息产业的内涵并不完全一致，但可以将信息产业按其结构分为两大部分，即信息技术及其设备制造业（微电子技术和器件制造业）和信息服务业。根据信息服务业使用的手段和发展历史，可以分为传统信息服务业（以印刷文本为主体的信息服务业）和新兴信息服务业，即电子信息服务业（以计算机为主要处理手段的信息服务和咨询活动）。

由此可见，一方面图书馆信息服务属于传统信息服务，另一方面随着计算机技术和通信技术的广泛应用，传统信息服务业与新兴信息服务业相互促进，相互渗透，相互融合，它又属于电子信息服务。图书馆信息服务业是整个社会信息服务业不可缺少的组成部分。

（一）信息服务业的概念及类型

信息服务业是指服务者以独特的策略和内容帮助信息用户解决问题的社会经济行为。从劳动者的劳动性质看，这样的行为包括生产行为、管理行为和服务行为。

信息服务业的行业划分要以信息服务的生产过程为主线，并以信息服务的特性作为信息服务业的质的规定性。

信息服务的生产过程不等于信息的生产过程，也不等于信息产品的生产过程，而是信息服务产品和特定服务的生产过程。这样的过程是指在一定的生产关系下，以信息和信息产品为劳动对象，借助信息技术等劳动资料，经过调查研究、增值处理等环节，形成信息服务产品，并通过提供、咨询或经纪等特定的行为方式，确保信息服务产品和服务用于用户的问题解决活动的全过程。各个方面和环节缺一不可。

在准确理解和把握信息服务业的生产过程特性的基础上，并借鉴先进国家的经验，按照《国民经济行业分类与代码》（GB/T4754-94）把信息服务业分为社会调查业、信息处理业、信息提供业、电信服务业、咨询业、经纪业、公共信息服务业和其他信息服务业8个大类。

信息服务业是指服务者以独特的策略和内容帮助信息用户解决问题的社会经济行为。从劳动者的劳动性质看，这样的行为包括生产行为、管理行为和服务行为。信息服务业是信息资源开发利用，实现商品化、市场化、社会化和专业化的关键。信息服务业包括系统集成、增值网络服务、数据库服务、咨询服务、维修培训、电子出版、展览等方面的业务。信息服务业是信息产业中的软产业部分。信息服务业是从事信息资源开发和利用的重要产业部门，属于第三产业。信息服务业是连接信息设备制造业和信息用户之间的中间产业。对生产与消费的带动作用大，产业关联度高，发展信息服务业有助于扩大信息设备制造业的需求和增加对信息用户的供给。

信息服务业是利用计算机和通信网络等现代科学技术对信息进行生产、收集、处理、加工、存储、传输、检索和利用，并以信息产品为社会提供服务的专门行业的综合体，主要分为三大类：信息传输服务业、UT服务业（信息技术服务业）、信息资源产业（主要指信息内容产业）。信息服务主要指除软、硬件产品的销售之外，围绕信息系统软、硬件产品的推广应用所进行的各项服务过程，主要包括网络信息服务和专业计算机服务二大部分。网络信息服务现在主要指通过互联网提供的信息服务，包括互联网接入服务（ISP，即通过电话线、同轴或无线等手段，把用户的计算机或其他终端设备接入互联网），互联网内容提供服务（ICP，即提供互联网信息搜索、整理加工等服务），网络应用服务（ASP，即为企事业单位进行信息化建设、开展电子商务提供各种基于互联网的应用服务）等。专业计算机服务包括系统集成、咨询、培训、维护和设施管理等服务。

近年来我国信息服务业快速发展、增长率远高于经济平均增长率。同时要看到，我国的信息服务业尚处于起步阶段，占信息产业市场的比例过小。随着我国信息化工作的推进，预计信息服务业在今后仍将保持高速发展的态势。

（二）网络信息服务业的界定

网络信息服务是未来信息服务业发展的方向，它利用因特网充分地实现了信息跨时空的传播，极大地促进了信息资源的共建共享与开发利用，使信息服务的速度时效与空间范围达到极致，它的出现与发展推动着整个信息服务业的发展，推动着整个信息产业的壮大，改变着人们获取信息的习惯与方式，改变着商家宣传产品与出售产品的途径和模式，改变着政府信息公开与办公的方式与效率，改变着个人、组织、国家的行为方式与思考问题的方式，改变着整个世界。因此，全面总结网络信息服务业的构成，探讨其服务模式，对于促进人们进一步认识网络信息服务及其模式，进而推动网络信息服务业的创新与发展，是有益的。

1. 网络信息服务的界定。

（1）从网络信息服务的机构类型看，可以将其划分为两大类，一是纯公益性无偿的或以公益性为主的网络信息服务机构，二是纯盈利性或以营利为主要目的的网络信息服务机构。具体来说，目前有五种类型：一是以网络新闻媒体系统；二是各级电子政务系统；三是学术团体／协会网络信息服务系统；四是以传统文献信息机构的网上服务系统（如各种类型图书馆、档案馆、情报部门）；五是各类商业协会及公司企业创办的机构，其信息服务遍及金融证券、房地产、能源、材料、市场、IT等众多领域。一般来说，上述第二、三、四种具有公益性性质，而第一种和第五种具有经济性特点。

（2）从网络信息服务者的角色看，网络信息服务的提供者主要有如下几类：

一是媒体运营商。主要面对普通的上网用户提供免费信息服务，如各类新闻、广告、网页和网站搜索、聊天室、免费邮箱、QQ、博客等。

二是数据库运营商。主要面对上网进行专题信息检索的专业人士。如传统的信息查询和联机检索服务商，数据库运营商提供的信息内容主要是按专业领域分类的各种统计数据、文献书目和论文期刊等。

三是信息咨询商。主要是为企业界提供战略规划和决策咨询服务。他们占有大量知识信息，通过对大量信息的分析研究为组织、个人提供咨询服务，如信息咨询商在INTERNET上能为企业提供竞争情报、进行人员培训、提供战略规划和决策支持研究报告等。

四是信息发布代理商。信息发布代理商是传统的信息中介代理在INTERNET上展开代理撮合的一种新的业务方式。网络信息发布代理商在互联网上为交易主体提供方便的双向信息发布环境，如网上求职系统等。

（3）从网络信息服务的形式和内容看，可以分为如下几类：

一是传统信息服务在网络环境下的应用。主要有基于OPAC检索的流通服务、基于网络阅览的文献传递服务、网上参考咨询服务、光盘远程检索服务等。

二是新型的网络信息服务：

基础网络信息服务。包括WWW服务、电子邮件服务、FTP文件传输服务、远程登录服务、电子公告板服务、USENET新闻组服务、邮件列表、名录服务、索引服务等。

数据库服务。包括联机数据库服务和INTERNET数据库服务。

搜索引擎服务。搜索引擎专为用户提供网络信息资源的检索服务，分为目录型搜索引擎和检索型搜索引擎以及元搜索引擎，如Yahoo、BAIDU、GOOGLE、Alta、Vista等。

网络信息资源导航服务。由专门机构利用网上现有搜索引擎，把与某一主题相关的站点进行集中，然后把这些资源分布情况提供给用户，指引用户检索。

信息推送服务。信息推送服务是利用推送技术，自动搜索网络上用户感兴趣的信息并主动送到用户面前的服务，是对最新个人化定制信息的自动传送，有频道式推送、电子邮件式推送、网页式报送和专用式推送四种形式。

数字图书馆服务。数字图书馆是采用现代高新技术所支持的数字信息资源系统，通俗地说，数字图书馆是没有时空限制的、便于使用的、超大规模的知识中心，具有收藏数字化、操作电脑化、传递网络化、资源共享化等特点。随着网络技术的不断发展，新的信息服务内容与形式将会不断涌现与完善。

2. 网络信息服务业的范畴。根据上述论述，对网络信息服务有了比较基础的一个概念框架的认识，为了系统全面展现网络信息服务业的全貌，在这里对网络信息服务业的范畴总结如下：

（1）电子商务。指通过计算机和计算机网络所进行的一切商务活动，包括企业和企业之间的商务活动、网上零售业、电子银行、物流配送等全过程，它是全球网络供应链中的一个环节，主要提供纯粹的信息、交易与应用服务，如企业内部的商业信息共享，企业之间商业数据交换，网络购物等。其内容主要有电子购物和贸易，其主要目标是实现市场、订货、支付和运送等各个环节；在网上实现和运行电子货币、电子银行和金融服务是电子商务的重要环节，并且可给商品买卖的各方都带来可观的经济效益以及净化、优化货币流通领域。

（2）电子政务。它是指基于网络、符合（Internet）标准面向政府部门、企业和社会公众的信息处理和信息服务系统，即借助电子信息技术进行政府部门的各类行政管理和服务活动。具体包括以下主要内容：电子公文（政府部门的公文制作和处理实施电脑化操作），电子邮件（政府部门的法规颁布、政策宣传、会议通知和意见调查等以电子邮件方式进行处理），电子采购（在安全的电子商务环境中，政府部门在网络上进行采购和交易支付，并随着电子安全认证制度的建立，政府公共建设的招标和投标，也可通过网络完成），电子人事（提供有关人事资料和进行网上招聘），电子工商（提供工商信息和工商登记网上申报），电子税务（提供各种税务信息服务和税务申报），电子公用事业服务（提供电力、电信、自来水和煤气等各项公用事业的自动化服务，包括查询、申报、交费等）。

（3）数字图书馆服务。数字图书馆是提供内容丰富的经过整序的多种媒体形式的数字化信息的机构。它利用先进的数字化技术，通过因特网将分散于不同载体、不同物理位置的信息资源以数字化形式存储，以网络方式提供利用。用户可以在任何一个地点，通过计算机终端以联网的方式查找所需信息。其服务形式主要有图文信息服务、电子出版物的发行、电子邮件服务、电子公告板服务、文献传输、联机公共目录查询服务、光盘远程检索服务、远程电视会议服务、用户电子论坛服务及用户点播服务。

（4）网络数据库服务。它是基于网络的数据库服务，是网络信息服务业的一个主要组成部分。数据库生产者将开发的产品放在 Internet 上供用户进行网络检索，降低检索费用，提高竞争力。如各种商业数据库、学术期刊论文数据库等通过网络方式提供有偿或无偿服务。

（5）电子出版业。因特网带来了人类有史以来最廉价的出版方式，这就带动了网络电子出版业的发展。网络电子出版是将信息以数字化方式保存在光盘、磁盘等上面，通过计算机网络出版，并通过计算机或类似设备阅读所有的出版物，如网络电子报纸和期刊，这一类机构组成的集合，称为网络电子出版业。这一服务是网络信息服务的重要组成部分。

（6）网络信息咨询业。网络信息咨询就是信息咨询顾问和用户之间借助于各类网络进行信息的传递和交流，具体来说，是信息咨询顾问针对用户的信息需求，利用各类网络检索、加工整理和传递信息，并形成信息咨询报告，提供给用户。

（7）ISP／ICP0ISP（Internet Service Provider），是 Internet 服务供应商，是掌握 Internet 接口的机构，根据它提供的内容分为 IAP（Internet Access Provider）ICP（Internet Content Provider）OICP 是 Internet 内容提供商，它一般都有自己的信息资源，可为用户提供多种增值服务及相关网络服务和培训，能为用户提供全方位的信息服务，它通过观察、扫描全球性交互式网上的各种信息，监视网上相关信息，区分信息的新颖与陈旧、正确与谬误，为用户筛选出适用的信息与节约企业查阅和鉴别信息的时间，如财经、商品、市场、贸易机会等信息服务。

二、传统图书馆信息服务现状

21 世纪，人类进入了信息时代，网络技术、数字化技术进一步发展和广泛应用，信息资源结构和信息处理技术都发生了质的变化。作为知识信息集散地的图书馆，正处在纸质资源的传统图书馆和电子资源的虚拟图书馆的并存时期，是一个将印刷与电子、本地与远程等各种信息资源集于一体的图书馆。在网络环境下，人们获取和利用知识信息的方式发生了重大变化，传统图书馆画地为牢的大众化服务方式受到了冲击，图书馆信息服务无论在服务对象、服务信息源、服务内容、服务方式，还是在服务馆员等方面都将发生重大的变化。

（一）传统图书馆信息服务面临社会信息服务业的冲击

随着信息环境的改善和信息需求的不断增长，社会信息服务机构和咨询机构如雨后春笋般地涌现。这类信息服务机构不仅技术手段先进、服务方式灵活、业务工作富有特色，而且能围绕经济建设和社会发展的热点、难点，提供科技、法律、市场、人才、决策等信息咨询服务。他们能主动调查了解用户的需求，因而开发出来的信息产品具有针对性强、能满足用户需要等特点。比较之下，由于传统图书馆受到环境、体制、机制的制约，不仅服务观念陈旧，信息服务技术手段落后，而且服务方式传统——坐等用户上门的被动服务，加上专业人才缺乏，复合型人才少难以开发用户需求的信息产品，更无法提供个性化信息服务，致使传统图书馆信息服务受到严峻的挑战。

（二）传统图书馆信息服务与网络时代的要求不相适应

传统图书馆面临社会信息服务业冲击的同时，暴露出许多不能适应网络时代发展要求的弊端。传统图书馆的管理方式是古老的，古代藏书楼的封闭式状态尚未彻底改变，各自为战，固守一隅至今尚存；传统图书馆的服务方式是被动的，坐等用户上门和采用大众化服务的方式；传统图书馆的服务条件是落后的，技术手段，设备条件落后，许多图书馆仍然采用传统的手工服务方式，信息采集和传输手段滞后，有些图书馆虽建成局域网，但仍未实现真正的网络化知识信息服务；传统图书馆的服务水平是低层次的，面对大量涌现的非文献资源，还固守在开展基于文献的信息阵地上，满足于参考咨询、代查代找、打字复印等浅层次的文献信息服务，无法涉足深层次的知识信息开发；传统图书馆的馆员素质是不适应的，现有馆员知识结构不合理，图书管理专业人员占大多数，其他专业人员基本空白，还有一些只掌握一般性书刊管理知识的职工，缺乏一支专门从事深层次知识信息开发与服务的学者型人才队伍。

三、信息服务与数字图书馆

（一）网络时代与数字图书馆的创建

信息服务市场竞争呼唤数字图书馆的出现。随着网络经济的发展，信息服务市场竞争日益激烈，网站竞争、网上书店竞争、文献信息服务竞争导致了新浪网、亚马逊书店、中国期刊网等一批信息服务品牌的出现。在这品牌林立、优胜劣汰的环境下，图书馆要想开创和占有一片天地，首先要有若干个能吸引人们注意力的数字图书馆，由他们为图书馆界在网络世界中撑起一片天空，只有这样图书馆才能在网络时代继续发展下去。

2.因特网交流平台拓展了数字图书馆服务空间。传统图书馆由于受地理位置限制，只能为一定空间内的读者服务，读者也主要利用就近的图书馆，距离远近对图书馆服务影响不大。因特网交流平台的出现，打破了图书馆服务的局限性，使数字图书馆可以通过网络为世界各地的用户提供服务。网络信息服务商众多，如何能将人们的注意力集中到图书馆服务上来，数字图书馆将起到引导效应，因为它会吸引最大限度的消费力和需求量，还会引导甚至创造需求和消费。

3.网络信息杂、乱、滥使用户迫切需要数字图书馆的优质服务。因特网上充斥着大量信息，由于各种信息混杂，人们在查找所需信息时往往不知从何下手，加上对信息资源组织机构不熟悉，结果是花费了大量的时间却没有找到急需的资料。网络信息的泛滥使用户迫切需要有人能做自己的信息助手,在自己最需要的时候提供及时、准确、全面的信息服务。数字图书馆应占领这块阵地，通过提供优质信息服务塑造图书馆良好形象。

（二）数字图书馆信息服务的内涵

不论图书馆发展到何种形态，复合图书馆也好，数字图书馆也好，其本质都是提供服务以满足读者对文献、信息、知识的需求，服务永远是图书馆的主题。社会的人与人之间，群体与群体之间通过服务维系着彼此的存在与发展，而作为文化信息机构的图书馆，社会文献信息中心的性质决定着它以服务社会、服务读者为根本宗旨，图书馆各项工作的出发点和归宿都立足于服务。可以说，服务是图书馆社会存在的前提，是检验图书馆办馆效益的唯一标准，也是评估图书馆工作的最重要指标。

进入信息社会以来，图书馆的馆藏不再仅仅局限于书刊，视听资料、电子出版物、数据库和网络信息资源也纷纷作为一种馆藏入住图书馆，因而图书馆赖以服务的基础不断扩大，不断丰富，与此同时也增加了人们查找自己所需资料的时间，人们渴望从图书馆获得更多样化、更高质量的服务以满足自己的信息需求，因此图书馆服务的内容便由传统文献服务转变为现代信息服务。所谓信息服务，是指机构或系统将搜集到的信息经过加工、处理后，利用各种手段和方式为全社会或所属部门提供信息产品和服务，满足信息需求的一种有组织的活动。

图书馆作为知识集散地，提供优质服务责无旁贷。因此，发展数字图书馆就应以服务为切入点，提供优质服务。目前，质量已经成为全世界的共同语言，是全球追求的目标，而图书馆所提供的信息服务质量也有高低优劣之分，数字图书馆依靠的是优质信息服务，那么什么是数字图书馆优质信息服务？一般倾向于把它界定为个性化服务、精品化服务、特色化服务、远程化服务和时效性服务，即四化一性服务的整合。

1. 个性化服务。在网络化时代，人们对信息的需求具有鲜明的个性特征，这是由于其知识背景、职业背景、环境背景等的不同所形成的，人们带着个性化的需求利用数字图书馆，数字图书馆便需要提供个性化服务以迎合这种需求。所谓个性化信息服务，是指能够满足用户的个人信息需求的一种服务，它根据用户的特性提供具有针对性的信息内容或系统功能，在某一特定的网上功能和服务方式中，设定网上信息的来源方式、表现形式、特定网上功能及其他网上服务方式等，主动地向用户提供其可能需要的信息服务。从其定义可以看出，数字图书馆提供的个性化信息服务具有显性含义，根据个性化的用户提供个性化的信息，也即服务的针对性；同时它也具有隐性含义，并不停留在用户所需要的直接信息上，而是同时提供相关信息，这些信息是用户可能需要但其还没有意识到的，可以说这是服务的拓展性。由于网络的迅速发展，它必将成为数字图书馆与用户相互交流的有效渠道，用户通过网络向图书馆提交信息需求，图馆馆员作为信息导航员通过网络传送用户所需求的信息，在多次的信息交流过程中实现信息服务的个性化。

2. 精品化服务。因特网已经构成了人类有史以来最大的信息资源系统，信息资源多以数据库、超文本、多媒体等电子形式存在，其种类繁多，内容广泛。与此同时也产生了一个不容忽视的信息环境恶化问题：网上信息泛滥，鱼龙混杂，信息污染现象严重，增加了用户获取信息知识的难度，延长了用户信息获取的时间。因此，人们借助于网络寻求所需信息时不再像以往那样关心信息资料的数量而是关心信息资料的价值量。因而如何降低用户的时间成本，使用户在有限的时间内获得最有价值的信息，如何使用户感觉自己所支付的信息费用物有所值，这就需要数字图书馆馆员对网络信息资源进行筛选、分类、去伪存真，提高浏览信息的浓度，以精品化服务打动用户，从而产生良好效应。

3. 特色化服务。传统图书馆所提出的特色化服务主要依托于特色化实体馆藏，而在网络环境下，有限的馆藏资源和无限的网络资源共同构成图书馆信息服务的基础，数字图书馆应该深入加工自己的文献资源，深入知识单元内部，借助于网上信息资源，建立自己的特色化数据库。因而，当今环境下的特色化服务主要是指特色化数据库提供的信息服务，特色数据库由特色内容和特色技术构成：特色内容是指根据馆藏特点，依据已有的馆藏资源，开发出富有特色的内容体系，这一内容体系应为"你无我有，你有我优"；特色技术是指要有一定的规模，要有有效的检索功能，要有多媒体信息，要有互动界面，要能提供全文检索。特色化数据库是服务的内容，它是吸引用户最为关键的因素。除此之外，数字图书馆还要考虑为用户提供特色化的服务形式，如记录用户的需求信息，为其提供专业或相关专业信息的主动推送服务；建立读者库，促进读者之间的沟通，以读者服务读者。以此给用户一种惊喜，这也是吸引用户的一种方式。

4. 远程化服务。网络环境下，用户对信息的需求已经从特定部门向跨行业、跨地区、跨国界转变，信息服务已经逐步趋向国际化。目前，远程求医、远程求知、远程贸易、远程签约、远程教学等已经成为社会发展趋势，因此，数字图书馆提供远程信息服务应运而生。远程化服务是一种新的服务方式，它改写了文献——馆直观的全文信息浏览、数据库下载、信息传递和信息咨询，它是一种集咨询、文献检索、文献提供功能于一体的现代化的服务。

5. 时效性服务。网络服务最大的优势应是速度，在信息社会，速度往往是制胜的关键。同样，针对读者提出的信息需求，如果数字图书馆馆员有意识或无意识地使其服务滞后，那么在前一段时间极具价值的信息现在可能就一文不值，造成直接的经济损失。时效是快捷与效率的结合，它意味着用户量的增长。数字图书馆提供具有时效性的信息服务才能避免科研工作的延迟、重复，才能使读者最大限度地利用所获取的信息，充分发挥信息的潜在价值。

（三）数字图书馆开展个性化信息服务的现状及缺陷

数字图书馆信息服务在国际网站设计与发展中已经盛行，不少网站都为用户提供个性化的信息服务。例如，Yahoo 网站提供的 My Yahoo 功能，让访问者可以在所提供的多个新闻来源中，按照自己的兴趣和要求设定新闻的实现方式和选择新闻来源；选择自己常用的搜索引擎；查看自己的免费 Email 邮箱。同时还可以对这个页面的风格做某些相关的设定，在一系列的选择完成后产生的页面就是用户自己在 Yahoo 站点中的起始页面，在下一次再来到 My Yahoo 连接时，这个被设定好的页面就显示出来。另外，国内也有少数几个站点提供了个性化的信息服务，如中文在线服务商 China Byte 在搜索客户中开通了名为"我的搜索客"的个性化服务，这是国内首家推出个性化信息服务的网站；网易也开通了个性化的"我的网易"。但是，现有的个性化信息服务和推荐手段，并没有很好地发挥其作用。而造成其失败的主要原因可能有两个：

1. 缺乏一个对网络浏览者行为进行动态分析的机制。现有的推荐系统大多基于用户过去访问过的信息内容特征及其历史评估数据来进行推荐。一方面，通过单一的购买产品种类信息来做推荐，即基于访客过去曾经感兴趣的产品类别来做推荐，是一种基于内容的过滤技术；另一方面，基于具有相似兴趣用户购买过产品的纪录，为网络浏览者提供信息推荐，其假设前提是"如果两个用户在某些方面有共同兴趣，那么他们可能在所有方面都有共同兴趣"，即协同过滤技术。然而，这些技术主要是一种基于静态相似度计算的方法，而用户的兴趣是多样和多变的，现有的方法不能及时获取用户对推荐信息的反馈，很难准确地从用户的动态行为变化中去发现用户的当前兴趣特征，从而导致推荐准确率的降低。

2. 缺乏一个良好的用户信任社区构建机制。如上所述，现有的基于协同过滤技术的个性化推荐系统，是基于用户与用户之间的兴趣相似性来进行推荐的。当用户规模和资源规模都很大的情况下，这种方法容易导致计算量极度复杂的问题。要维护这样一个动态自组织的相似用户社区结构，可以基于该社区的相似特征来为用户进行推荐预测，这样将有望极大的降低计算复杂度、提高推荐效率，使得推荐系统具有更高的个性化和更好的实时性。然而现有的方法并没有提出一个有效的机制，从用户持续的访问、评估、推荐的过程中去发现具有相似兴趣的一组用户。

客观地认识网络个性化信息服务的现状，有效结合各种信息技术，有利于研究更先进的个性化信息服务模式，为广大的互联网用户提供更"贴心"的信息服务。在网络信息环境下，随着个性化信息需求的增加以及相关技术的不断进步，势必会推动个性化信息服务的进步，能满足用户实际需要的高质量的个性化信息服务系统必将不断涌现，同时整个社会的个性化信息需求意识也会得到提高，从而推动信息化建设的不断前进。

（四）发展数字图书馆信息服务的对策

数字图书馆信息服务是上述四化一性服务的结合，那么怎样才能提供优质信息服务便是构建数字图书馆的重要前提。拥有高素质馆员、开发网络应用技术、实施知识管理、深层开发网络信息资源等是数字图书馆信息服务的保障。

1. 提高馆员素质。数字图书馆提供优质信息服务首要便是提高馆员素质，其中增强其信息意识最为关键，因为只有这样才能捕捉到有价值的信息，除此之外，信息服务是知识、智力高密集型服务，它所需要的是既懂图书馆学情报学又懂英语、计算机、网络及相关专业技术的综合型人才，只有这样的人才能胜任为用户提供优质信息服务这一职责，因而提高馆员素质已是一个数字图书馆谋求发展不争的事实。数字图书馆一方面应完善自己的用人制度，抬高工作人员进入的门槛；另一方面应建立一套科学的继续教育机制，采取馆内培训、委托培养或是鼓励员工攻读学位的方式优化员工知识结构，不要害怕人员的流失，而要为馆员提供完善自我的土壤和环境，以"馆格魅力"吸引住自己的馆员。在当前环境下，数字图书馆尤其要重视培养员工的信息敏感意识和信息资源开发利用能力，提高信息服务水平。

2. 开发网络应用技术。信息服务是以现代技术为基础的，现实表明一项信息技术的开发和应用很可能开辟一个新的信息服务领域，最为典型的就是搜索引擎技术的诞生实现了网络信息资源的检索。随着网络的广泛引入，数字图书馆提供信息服务的技术支撑除了原有的计算机技术之外，还有通信技术、数据库技术和多媒体技术。数字图书馆毕竟不是专门的计算机公司，可以运用"拿来"策略，对计算机公司开发的技术加以改造，形成便于数字图书馆环境利用的技术；更为重要的是馆员基于本馆实际开发出适合本馆的实用技术，这一技术应充分支持基于虚拟信息资源体系的服务集成，充分支持以用户为中心的个性化、专题化和智能化服务。这样提供优质信息服务便有了一个坚实的技术平台，它在很大程度上决定数字图书馆提供信息服务的效率和水平。

3. 实施知识管理。知识管理源于管理学，现已被图书馆学者广泛用于图书馆领域，它是以人为中心，以信息资源为基础，以技术为手段，以创新为目的的系统化和组织化的识别、获取、开发、使用、存储及交流知识的思想和活动。虽然数字图书馆所提供的服务在目前来看处于信息服务阶段，但是提供信息服务离不开人、信息资源、技术、创新如何把这四种因素融为一体就需要实施知识管理，妥善处理各因素之间的关系，以充分发挥每一方面的扩散效应。需要提及的是知识管理在本质上是一种人本管理，人是创造知识的智能体，数字图书馆人不仅创造知识，而且经营知识，因此要建立一套完善的管理机制和环境，使数字图书馆馆员不是处于被管理的被动状态，而是处于积极为用户提供优质服务以谋求更好发展的主动状态，从而激发馆员奋发向上、不断进取的精神，这些机制包括动力机制（利益激励机制和精神激励机制）、压力机制、约束机制、保障机制、环境影响机制等。

4. 深层开发网络信息资源。所谓信息服务，内容至关重要。然而网络上的信息多是分散的、无序的，如何鉴别和筛选是一个相当重要的问题，因而信息筛选成本已日益大于信息搜集成本。如何快速搜索有用信息是用户有效利用网上信息的瓶颈，这就要求数字图书馆馆员对网络信息资源进行系统的开发、科学的组织，充分利用现有的搜索引擎，对本专业的网络信息资源进行大范围的搜索、采集，并将相关的内容下载、分类、标引，建立高质量的索引数据库，同时制作相关网页，利用信息推送技术主动将信息发布、推送给广大用户。这样便可以帮助用户进行信息内容的准确定位，有效揭示众多信息之间的语义关系，以挖掘隐藏在信息中的知识内容，从而使读者能够快速、便捷地找到自己所需信息。

5. 多渠道筹集资金。数字图书馆信息服务是跨部门、跨行业、跨学科的系统工程，在各自分别发展的基础上，应逐渐把各系统、行业、学科的信息服务统筹起来，统一规划协调、分工合作，发挥综合效益，这尤其是对标准的制定与执行、经费的投入起着重要作用。资金不足是开展信息服务要解决的首要问题，无论国内还是国外都是如此。有的国家经费问题解决得比较好，除了这些国家具有相对雄厚的经济实力，在数字图书馆事业上舍得投入外，还在于走了一条多方面筹集资金的道路。这对我国亦应有所启示，即除了增加资金、统筹安排经费使用之外，应该采取优惠政策鼓励个人、企业、基金会等向数字图书馆捐款或以其他方式投入；数字图书馆也可以通过合法的有偿服务聚拢资金，用于信息服务系统的开发和实际应用。

6. 加强对用户需求行为的研究。数字图书馆服务之所以存在并不断发展就在于有社会需求，而且不断地以更好的方式方法来满足用户需求。满足用户需求是数字图书馆工作的出发点和归宿，而研究用户需求是信息服务的第一步。虽然这个道理人人都懂，但却是长期以来数字图书馆的薄弱环节，其关键问题是仅仅把"以用户为中心"当成了口号，舍不得花大力气去做这项工作，或者做一些表面文章。现在，有的条件较好的图书馆建立了较为完备、先进的个性化服务系统，但利用率却很低，服务效益并不理想，其原因于此不无关系。所以，要搞好数字图书馆信息服务，必须将对用户需求心理的研究、需求行为的调查分析等工作落到实处，使这项工作科学化、常态化、实用化。而且，现代信息技术手段的应用，也使对用户信息需求的研究变得越来越多样化、简便化，越来越有针对性。

7. 解决信息资源的组织问题。信息服务目前的信息组织方式只能为用户提供有限的服务，所以必须加强信息组织理论的研究，探讨新环境下信息服务的信息组织方式。首先数字图书馆要提供一种信息资源建设的组织架构和组织工具，这种信息组织工具能支持用户对数字图书馆资源的有效重组和资源扩展，即用户可以将个人信息、网络信息、电子邮件和其他数字图书馆资源有效集成在用户个人的信息环境中，并支持用户收集信息、组织信息和存放信息，为用户自行构建自己的个性化信息空间提供保障；其次要从当前只提供资源的简单链接到将来直接链接到图书馆资源，使用户能进一步获得原文而非仅限于题录或文摘。信息服务系统的发展趋势是资源集成和服务集成。用户通过一次利用就可获得所有资源和服务，系统友好性和服务可得性将极大地提高。信息服务有个联合与协作的问题，包括资源的整合，这就必须建立一种资格审查制度。所谓资格审查其实就是对资源进行合理的分配，避免低成本的重复建设，不致浪费有限的资源。为了合理地分配资源，必须有严格的资格审查制度。首先要做的就是确定数字图书馆的入盟资格，不是随便建立一个数字图书馆就可以让其加盟的，必须经过严格的资格审查，只有符合资格的数字图书馆才能加入，既然要合理地分配资源，就必须严格控制同类数字图书馆的数量。入盟资格审查主要从两方面来考虑：

一是资源资格。也就是你的资源必须达到一定规模，即你的收藏量必须达到一定的数量，你的资源在某个学科方面具有相当的深度，才有资格加入联盟。

二是地域资格。在同一地域不允许同时存在两个学科馆，特别是同类的学科馆，这样做的主要目的是避免恶性竞争，这种竞争将会对整个联盟的利益造成损害。另外还要有一套完善的年审制度，也就是说并不是你一加入联盟就一劳永逸了，从此可以高枕无忧了。对已经入盟的学科馆要进行年审，主要是确保入盟学科馆具有最大的进取心，迫使它将最新的资料及时地收录进去，以保持整个联盟的活力。对于每次审查不合格的要给予警告，第二次审查还是不合格的要坚决清理出去，只有这样才能确保整个联盟的活力。对于热门学科馆，可以每年审查一次，对于不那么热门的学科馆，可以二年或三年审查一次。我国在数字图书馆联盟建设中，还很少有资格审查制度，这使得在许多情况下大量的资源只是无序地"堆砌"在那里。另外，数字图书馆应注重本馆的特色化资源建设。

8. 制作个性化信息产品。个性化信息产品是数字图书馆开展信息服务的基础。基于用户群的个性，图书馆制作的个性化信息产品，必须是对信息进行深度加工和精细处理，经过知识组合和重组后产生的差异化的信息产品，即满足用户求"深"、求"精"的要求，而肤浅的信息或信息的简单堆积则全无组织的必要。数字图书馆可以利用自身的资源优势，即丰富的信息资源和一批熟练掌握知识组织技术的馆员，主动生产具有这种个性的信息产品。例如，高校每年都有科研课题立项，图书馆馆长要密切关注课题立项情况，然后围绕这些课题，组织图书馆馆员利用图书馆的资源和自己扎实的驾驭信息资源的思想和方法，生产个体用户从其他途径无法直接获取的信息产品。这种信息产品应该是对课题进行全面展开、深刻揭示和系统展示的知识，这样的信息产品极具个性又为用户乐于接受。对于用户定制的信息服务，图书馆还应根据他们或求"全"、求"新"或求"准"的要求，同时结合具体用户的个性，来制作面向不同用户的个性化信息产品。因此，数字图书馆生产的信息产品，首先必须是对知识的深层挖掘和系统组织，要体现用户群的个性；其次必须是为每个用户量身定做的，要体现每个用户的个性。制作出来的信息成品，存入信息产品库，这是集合信息产品的一个"仓库"，这个"仓库"里面所有的产品按产品个性或拟目标用户个性分门别类地存放。建立并向用户开放信息产品目录和索引。信息产品库也是开放的，要不断改善信息产品的质量，根据学科发展及时更新换代。

9. 解决好交叉服务的问题。为了主动提供信息给用户，信息服务必须建立在数字图书馆一方。现在互联网上既有众多的用户，也有众多的数字图书馆，这就产生一个图书馆与众多图书馆之间如何建立信息服务系统的问题。由于不同用户在需求上有交叉和重叠，对各个用户需求的判断也相应地有过程上的交叉和重叠，若对每个用户分别实施信息过滤，势必在效率上造成非常大的浪费。在某些方面，用户的信息需求是基本一致的，若每个用户在不同的图书馆建立一个独立的用户模型，结果会使各个图书馆的服务系统进行同样的运算，造成系统资源与效率的浪费。解决这个问题的方法是限定用户的图书馆访问区域（如全国），或者限定资源共享的图书馆联盟，在合作区域内专门建立一个用户模型系统，该系统连接全国每一个共享的图书馆，各个图书馆系统把用户的访问信息送到该系统中，系统对这些信息进行统一分析来建立各个用户的模型。由于这个系统作用范围较大，其建立涉及一系列的标准问题，单纯依靠某个机构或某个区域根本无法实现。图书馆个性化服务要找准切入点，首先应该在内网进行，而后逐渐向外网拓展。在服务中，除了要建立定量和精确描述的用户模型之外，还要对用户模型予以不断地更新，提高信息推送的准确及时性。

10. 加强个性化售后服务。数字图书馆的售后服务如何直接影响其以后的发展，所以在加强管理的同时，也要注意跟踪服务、收集反馈意见。反馈意见不仅反映了用户的满意度，而且作为今后改进工作的依据必不可少。收集反馈信息的途径、方法多种多样，可以根据各图书馆的人力、资金、技术的条件灵活选用。

11. 构建专家顾问保障体系。开展数字图书馆信息服务，必须有一个涉及各门学科的、知识渊博、经验丰富、乐于奉献的专家顾问团体。

12. 保护用户的隐私权。商业网站与用户之间似乎是一种利益交换的关系，用户总在衡量提供个人信息的麻烦与所获得利益之间谁轻谁重。数字图书馆似乎不会给用户带来太多麻烦，但用户也会有提供个人信息的时间成本。何况有的用户认为自己的个人信息需求是个人隐私，应当受到保护。从数字图书馆来讲，保护用户的隐私权主要是树立法制意识，加强自律性。比如，建立健全相关的规章制度和检查落实措施，采用数字水印、加密、权限控制等技术保护个人数据等。

13. 保障网络信息安全。信息服务由于其开放性和远程性而更易受到计算机病毒和黑客攻击，造成系统破坏，信息被窃取、篡改、删除等一系列后果，严重的会造成系统瘫痪。为加强系统和信息安全，除进行安全配置外，还必须安装防火墙、防病毒软件，定期进行漏洞扫描、入侵检测和数据备份，采用数据加密技术来确保用户的个人信息安全，建立起一个动态的、智能的安全防护体系；既要保证用户的个人信息不会被泄露，又要避免一些具有版权的信息内容被破解或窃取。

14. 实施用户推广策略。数字图书馆信息服务就是一种"商品"，要得到用户的喜爱，必须使这种"商品"在用户心中树立起品牌形象，为此应该在信息服务中引入类似于商品的推广策略，加强宣传力度，使尽可能多的用户了解该图书馆信息服务的技术特点、服务范围、服务内容、服务方法，尤其是要使用户了解该图书馆能为其解决什么样的实际问题。同"商品"推广一样，信息服务推广也包括包装、目标定位、目标市场细分、市场巩固、市场扩展等问题。信息服务的推广策略多种多样，在网络环境下，数字图书馆可以借鉴电子商务的某些做法，通过建立网站来推广该项服务。

15. 借鉴国外的前沿成果。相比之下，许多国家图书馆界的信息技术应用水平高于我国图书馆界，对信息服务的关注也早于我国，相关的实践工作同样走在我国图书馆的前面。目前，我国图书馆界对国外数字图书馆信息服务的研究只是局限在少数学者之间，组织是松散的，研究成果的推广仅仅限于期刊传播，有组织、有规模、系统化的宣传活动还几乎没有。所以，有关机构和学术团体应加强领导、组织和管理工作，对国外图书馆信息服务开展长期的、系统的监控，使国内图书馆界能及时掌握国外的新信息。当然，学习借鉴国外的成果只是问题的一个方面，如何根据国情、馆情把这些成果本地化、本馆化则是更需要思考的问题。

16. 深化对数字图书馆信息服务先进技术的研究。由于受到技术的制约，许多数字图书馆开设的信息服务质量不高，系统功能难以实现。开展优质高效的信息服务，数字图书馆必须采用多项先进的技术。在这些技术中除了前面提到的数据挖掘、信息推送等技术外，以下两种技术也应该给予重点关注：

第一，用户建模技术。任何图书馆的信息服务都需要建立对用户的描述，然后才能据此提供个性化的信息服务。因此，用户建模是信息服务的核心和基础。用户建模是指从有关用户兴趣和行为的信息（如浏览内容、浏览行为、背景知识等）中归纳出可计算的用户模型的过程。根据建模过程中用户的参与程度，用户建模技术又可以分为手工定制建模、示例用户建模和自动用户建模。无论采用哪种形式上的用户建模技术，要开展真正意义上的信息服务，它是一种必不可少的技术。

第二，XML 可扩展语言是一种不可忽视的语言。这是一种能更好地描述结构化数据的语言，作为 SGML 通用标词语言的一个子集。XML 是一种元标识语言，它解决了两个问题，即互联网发展速度快而接入速度慢的问题，以及可利用的信息多，但难以找到自己需要的那部分信息的问题。XML 的特点之一是能增加结构和语义信息，可使计算机和服务器及时处理多种形式的信息。XML 特点之二是它由若干规则组成，这些规则可用于创建标记语言，并能用一种被称为分析程序的简明程序处理所有新创建的标记。

17. 建立数字图书馆信息服务评价机制。仅仅提供了个性化信息服务并不是最终目的，其宗旨是使用户最大限度地获得信息产品，为了实现这一目标，评价机制至关重要，完好的评价机制能促进信息服务不断优化，评价机制要对信息服务的全程即服务计划、服务方式、服务效果等方面做出严格的规定。为了使评价取得好的绩效，要制订可行的服务方案和服务计划，要建立用户信息库。在服务程序上要强调科学、合理、规范。在服务质量上，要制定服务方针和目标，要给用户以明确的承诺。

（五）数字图书馆信息服务发展的要素

1. 信息服务要强调"快"字

信息区别于文献的一个重要特征就是它的时效性。数字图书馆的信息服务要根据本身的特点加快信息的传递速度。所谓加快文献信息的传递速度，就是要加快信息收集、加工、整理、传递等工序运行速度，将各种有价值的信息直接分送到用户手中，还要把用户找上门查询信息与数字图书馆工作人员走到生产科研一线送去急需的信息结合起来，使信息的供求直接见面，以较快的速度投入生产实践。数字图书馆的信息服务，要开展必要的宣传工作，在这方面要有精力的投入和资金的投入，通过宣传数字图书馆的社会功能和服务方式，令全社会各方面都能认识数字图书馆的新的服务功能，最大限度地利用数字图书馆的信息和文献。

2. 信息服务要将市场需求放在第一位

数字图书馆服务方式应当从社会需求到信息收集与提供，而不是先有信息后有用户。按照这一新的思路，就要适当地打破原有的工作程序和思维模式，即要先搞清信息需求，再收集信息，进而开展服务。不要单纯追求信息服务的形式，要注重信息的实际应用，切实有效地为经济建设服务。目前，有些数字图书馆在信息服务实践中总结出了一些有效的服务方式，成立专门的信息服务部门，组成专业干部队伍，强化了信息服务的职能，还有通过开办信息市场，举办信息技术讲座，成立剪报信息中心，向社会各界提供经济、贸易、企业、商业、金融、市场等方面的信息；或抽聘部分人力组成专门的信息服务小分队，深入生产科研第一线，了解情况，发现潜在的技术市场或一些用户的实际需求；还可以通过对市场需求的了解，有针对性收集、选择一些有价值的信息，使数字图书馆收藏的文献品种多、类型全，为用户提供准确、合用的文献信息，使数字图书馆的信息服务一步一步迈上新台阶。

（六）实现数字图书馆信息服务的相关技术

技术是推动信息服务发展的主要动力之一。网络信息服务的开展离不开技术的进步。下面就信息服务涉及的一些主要理论和技术作一简单的介绍：

1. 推送技术。所谓推送技术，就是一种按照用户指定的时间间隔或根据发生的事件把用户选定的数据自动推送给用户的计算机数据发布技术。可以说信息推送服务是传统定题服务在网络环境下的一种再现。目前各类网络搜索引擎大多是基于 Pull 技术开发的，检索时系统往往会同时反馈大量庞杂信息，动辄数以千万计，而使真正有用的少量核心信息被淹没。当前的这种基于信息推送技术的网上推送信息服务，正在以其提供服务的主动性，返回信息的新颖、及时性等优点而备受用户的青睐。

2. 智能代理技术。Agenl 是在 AI 领域发展起来的一个概念，是近年来 AI 领域的研究热点。有关 Agent 的定义还没有统一的说法。一般认为，Agent 是一个硬件或软件系统（后者更为常见），普遍认为代理（Agent）作为一种全新的软件开发模式，是在分布式系统和协作系统中能持续自主地发挥作用的计算实体，它可包含更低层次的 Agent。一般代理具有以下特点：自主性、反应性、适应性、社会性。

3. 数据挖掘和知识发现技术。数据挖掘和知识发现是随着数据库和机器学习的发展而兴起的。在 20 世纪 80 年代末出现了一个新的术语，它就是数据库中的知识发现（KDD）。KDD 泛指所有从源数据中发掘模式的方法，人们接受了这个术语，并用 KDD 来描述整个数据挖掘的过程，包括最开始的制定业务目标到最终的结果分析，而用数据挖掘（DM）来描述使用挖掘算法进行数据挖掘的子过程。数据挖掘是从大量的、不完全的、有噪声的、模糊的、随机的数据中，提取隐含在其中的、人们事先不知道的但又是潜在有用的信息和知识的过程。数据挖掘提取的知识可以表示为概念、规律、模式、约束、可视化。数据挖掘算法的好坏将直接影响到所发现知识的好坏。数据挖掘的任务是从数据中发现模式。知识发现是从大量数据中提取出可信的、新颖的、有用的并能被人理解的模式的高级处理过程。

4. 信息检索与信息过滤。信息检索是指对文献或记录的信息集合进行查询以检索出含有能够满足个人或团体信息需求或感兴趣的信息内容的过程。信息检索技术是应用于提问与文献表示的匹配比较的技术。信息过滤，也就是所谓的信息的选择性传播。与信息检索不同，信息过滤关注用户的长线需求（指在一段时间内，比较固定的信息需求），是为非结构化及半结构化的数据设计的，主要用来处理文本信息。其目标是帮助用户处理大量的信息，对动态的信息流进行筛选，着重于排除用户不希望得到的信息，基于用户概型从输入的信息流中滤掉数据。在信息过滤中，用户的需求表示成概型，一个概型是一个数据结构，通常包括一组主题，用以描述用户感兴趣的主题。根据概型对进入系统的信息流进行评价，用户在浏览结果时，提供相关反馈并及时更新概型。除了上述介绍的技术外还有很多技术，如相关反馈、机器自动学习等。这些技术和理论是构建数字图书馆信息信息服务系统最重要的基础。这与所有领域中的情况是一致的，即需求和技术的进步是事物发展的前提以及推动事物发展的最主要动力。

第四节　图书馆服务方式的转变

一、传统图书馆服务方式

目前的大部分图书馆是传统型图书馆向数字化图书馆过渡的复合型图书馆，其服务既有传统的一次文献借阅服务，如图书外借、期刊阅览、文献传递、馆际互借等服务，也有现代化服务，如网上联机数目查询、电子资源服务、参考咨询服务等，这些服务方式相辅相成，互相补充。但是现阶段的图书馆服务也有一些其固有的不足，不能适应读者需求的变化。

（一）分散式服务

传统图书馆的服务工作一般是多部门分块式管理，用户需要某一专业的文献，往往要在图书馆的外借、阅览、期刊等许多部门之间来回切换，这就要花费很多时间，给读者造成了很多不便；例如用户想咨询电子资源的使用，就必须到参考咨询部门去寻求帮助与咨询，虽然现在图书馆也提供多样化咨询方式，如实事咨询、E-mail咨询、电话咨询、BBS咨询等，但是在研究与学习的现场却找不到可以提供帮助的专业咨询人员，这样就造成了读者与图书馆以及图书馆资源的距离感。

（二）被动式服务

传统的图书馆服务是被动的服务，等待用户前来借阅书籍、查阅资料、咨询问题。在现代条件下，用户的信息需求发生了根本性的变化，用户已经不满足于图书馆提供整本图书或期刊、单纯的文献信息服务，而是要求图书馆提供某一专业、某一主题或某一事物的知识单元，知识信息的主动推动是信息服务，提供综述型、研究型、专题型的知识信息服务。用户信息需求的改变，要求图书馆的服务从单纯的被动式的提供文献信息服务转向个性化、专业化的主动式知识信息服务。

（三）无差异服务

图书馆用户群体中的个体间差异，决定了图书馆服务的异质化特征。图书馆服务的效果，不仅取决于用户个体的信息需求和信息能力，还在相当大的程度上受用户的知识结构、信息习惯以及个人偏好等个性化因素的影响。而传统图书馆提供的服务同质化严重，没有考虑到用户需求的差异性特点，致使图书馆用户感觉图书馆的可用性不高，因此，图书馆应该相应地提供有差别的个性化服务，充分提高资源的利用率。

二、现代图书馆服务方式的转变

现代图书馆服务有别于传统图书馆服务，基于网络、信息化环境和国家创建文化软实力等大环境对图书馆发展的要求，其具有鲜明的时代特征；现代图书馆服务既传承了传统图书馆服务功能，又在体现全民共享理念、遵守平等服务、资源共建共享基础上与现代图书馆核心价值观接轨，其具有与时俱进的发展理念；现代图书馆人把读者尊为上帝，以读者为中心，一切为了读者，把服务看成为市图书馆的生命线，其具有可持续发展的生命力。

（一）关于现代图书馆的读者

读者是一个社会概念，应该包括所有的民众。但在图书馆实践中，通常把接受服务的"到馆读者"作为图书馆的读者，并对"到馆读者"做了种种限制。因此值得图书馆人思考的是：图书馆应以怎样的服务发展读者？对到馆读者应不应该设置种种限制？读者需要图书馆提供怎么样的服务？图书馆是否能满足读者的基本要求？就现代图书馆而言，其服务事业的发展需要借助"两力"作用，一个是读者需求这个"拉力"，一个是发展读者这个"推力"。读者需求决定图书馆的发展，服务于读者需求是图书馆的神圣使命，研究读者需求，服务于读者需求，或者说拉动读者需求这是图书馆服务事业发展的动力，而发展读者对图书馆服务事业则起到推动作用。如果没有读者，没有读者的需求，图书馆便没有了存在的理由。

（二）关于现代图书馆服务理念

图书馆服务理念是图书馆文明的核心，也是一种服务文化、核心价值观的体现。

图书馆作为文化教育机构，社会文献信息中心的性质与任务决定着它以服务社会、服务读者为根本总是。它的基本职能就是直接或间接地满足读者需求，体现于图书馆各项工作的出发点和归宿点都立足于读者服务。可以说，读者服务是图书馆社会存在的前提，是检验图书馆办馆效益的唯一标准，也是评估图书馆工作的最重要指标。服务质量的好坏，服务水平的高低，说到底是读者的满意度、信任度。

1. 树立"以人为本"的理念

树立现代图书馆服务理念，就是"以读者为本"——"以读者需求为本""以读者权益为本""以优质高效服务于读者为本"，在这里，"以人为本"的理念确立了读者的主体地位。为此，我们应做到两个突破两个体现：

一是突破旧有的读者观。树立"以人为本"的服务理念，坚持"以人为本"的读者观，要突破旧有的读者观，从传统的狭义读者观向现代的广义读者观转化。即从为狭义的"到馆读者"服务的传统观念向为广义的"社会化读者"服务的现代理念转化。读者是图书馆存在的客观要素之一。为了读者，也为了图书馆自身的生存和发展，图书馆应在任何地方、任何时间提供图书馆的服务，应该为所有的"读者"创造条件，给所有的"读者"享受图书馆服务的机会。

二是突破旧有的"以书为本"的观念。"以书为本"服务观，是根据馆藏来提供服务的，沿袭的是资源—服务—需求的传统模式，"有什么，提供什么"这种观念成为制约图书馆发展的桎梏。为此，图书馆应该努力克服"资源—服务—需求"的狭隘服务观，积极确立"需求—资源—服务"的服务观，即从需求出发，探寻服务工作与社会需求的结合点，以需求决定资源，开展有针对性地研究式服务；要突破以本馆所藏来制定服务策略与范围，充分利用网络资源的无限实现图书馆服务的无限，积极投入图书馆资源共建共享的建设。

三是要体现人文关怀。图书馆历来遵循"读者至上，服务第一"的原则，但读者为什么对图书馆还有许多抱怨？我们现有的规章制度是否体现了尊重读者，不对读者设置不符合政策、不符合人权的障碍，不符合读者需求、读者意愿的条款？现代服务理念和模式必然表现在图书馆服务的各个层面上，包括规章制度。因此，我们在制定规章制度时，要体现人文性，要有亲和力，使读者对我们的规章制度有更多的认同感。我们可以借鉴其他服务行业的一些好的做法，将其提炼和创新，创造出新的符合人性化管理和规范化管理的制度。此外，还应就简化服务流程，提高业务处理速度和提高质量水平等服务都认真加以考虑。

四是要体现公益性服务特质。图书馆是由国家和地方财政全额拨款而兴办的公益事业单位，理应承担公益性服务。在做好服务的同时，主动走出去，面向社会、面对需求，不以营利为目的，向民众和社会提供免费的服务。

2. 树立服务是一个品牌的理念

"品牌"一词在《新华字典》的解释是：产品的牌子。特指品质优良的产品的牌子。有学者认为"服务是能够给客户提供的唯一产品"，这种把服务当作产品的理念，在一定程度上标志着一种服务战略思维的革新。这一理念，同样适用于图书馆。图书馆的品牌就是创造优质优良的服务和信息产品。图书馆服务是将知识载体以独有的形式提供和传递给读者的一种特色服务。这种服务多是公益性的免费服务，这是有别于新华书店经营性服务的，有别于信息开发商有偿提供网上专题镜像服务的。品牌化服务突出的是服务的特性与特色。"读者第一""特色馆藏""特色服务""特色数据库"等都可形成图书馆特有的品牌。

（三）树立转型发展的理念，实现服务方式的转变

当前，随着我国经济社会转型发展带来的文化转型，必然要求与之相适应的图书馆服务转型。这方面我们已经做了一些工作，从为到馆读者服务到位社会化读者服务，从被动服务到主动服务，从文献服务到知识服务，从单一服务到多元化服务。今后还要进一步转型，要开展品牌服务、集成化服务、平等服务、普遍服务、公开服务、开放服务、无限服务、人性化服务等。读者对图书馆服务的要求越来越多、越来越高，完全躺在过去的功劳簿上是不行的。重要的是要总结经验，学习其他服务行业好的现实的理念和服务方式方法，这样我们的服务才会越做越好，如果故步自封，将来我们的服务就会萎缩。对此，我们应充分认识，并努力实现六个转型、两个创新。

1. 从文献服务向知识服务转型

一个时期以来，人们总是赞喻图书馆是"知识宝库"，这是指以传统信息资源为馆藏的图书馆"知识宝库"，传统图书馆工作中心也是以收集、管理文献和开发利用文献为读者服务。

这种以藏书为主的文献服务模式，决定了图书馆以馆藏多少决定服务的一种封闭式服务。现代图书馆已发展成为集文、视听资源、网络资源、数字资源等为一体的，以网络化和数字化为依托的、整体功能齐全的信息资源共同体，构成了更为宏富的"知识宝库"和资源保障体系，其工作的重点从传统的文献服务向信息服务转型，服务工作已不再是简单地满足读者的文献需求和提高图书馆文献利用率。图书馆服务领域、方式、层次有了全方位发展，文献信息服务向网络信息服务发展成为现实。这种新的服务方式极大地提高了图书馆服务效率，也使读者的信息需求满意度达到了最大化。这一发展为信息再创造再组的知识服务的高级转型创造了条件。知识服务是图书馆根据读者的需求，从各种显性和隐性信息资源中，将知识信息提炼出来为读者服务的。这是文献服务的深化，是一种高智能的服务。近年来，知识服务一直为信息服务界所

关注，成为信息服务领域理论和应用研究的重点。读者需求作为知识服务发展的基础与动力，越来越受到图书馆的重视。图书馆人充分地认识到从文献服务向知识服务转型是一个渐进的过程，现代图书馆应抓住机遇，借助现代计算机技术和网络技术，发挥现代图书馆所具有的信息环境优势，提高信息服务中的智能化程度。图书馆馆员要将大量工作转向对知识信息的整合、创新，要担负起信息导航的重任，为读者指引或提供特定的或某一主题的深层次知识信息等的服务。

2. 从单一服务到多元化、集成化服务转型

传统图书馆服务模式主要是以收集印刷型文献信息。它的服务围绕着印刷型文献的利用和图书馆自身条件展开。其服务模式相对单一，属于浅层次文献型服务，这种浅层次文献型服务已不能满足信息化的要求。因此，在信息的冲击下，现代图书馆应与时俱进，开拓创新，提高服务质量，提高图书品位。

3. 从被动服务向主动服务转型

可以说，从被动服务向主动服务转型这一观念在图书馆是深入人心的，但在现实工作中，我们仍然在做着许多坐等读者上门的被动服务。网络、数字化资源作为一个宏大的信息库，并对任何一位读者公平地开放，犹如一个资源宏富的图书馆，又由于网上获取信息方便快捷，因此，越来越多的读者选择了利用网络和数据库获取信息。读者借阅从单一的传统人借阅向网络的集成化的借阅转型，这种借阅方式的转型决定了图书馆服务从被动服务向主动服务转型。图书馆为求生存和发展必然要开展网络、数字化服务，走出图书馆，向社会化读者提供主动服务，建立辐射型的开放服务体系。

4. 从封闭有限服务向无限广域服务转型

在传统图书馆服务中，服务的时间与空间、内容与方式都有限的，而新的图书馆服务从时间上可以拓展到每天24小时实现全天候服务。空间上已从本馆拓展到多馆、馆外、境外的无馆界服务；服务内容已从提供文献资源扩展到政府的决策依据、技术的智力支撑、科技的创新准绳。服务方式从开架服务扩展到参考咨询、网络推送等。

5. 从机械化、僵化、被动服务向人性化

在我国现阶段，社会弱势群体问题日益突出，知识贫困已成为弱势群体经济贫困和精神贫困的重要原因。对这一问题的关注将成为图书馆发展与服务的重心，图书馆应义不容辞地担负起对弱势群体实施知识援助的任务，延伸和拓展图书馆职能，使其享受到平等的知识信息服务。图书馆为弱势群体服务就是要将自己丰富的馆藏提供给他们，满足其对精神文化生活的需求。根据弱势群体不便到馆阅读的实际情况，通过上门服务，开展书刊借阅和读书宣传、信息培训等服务方式引导他们多读书、读好书，使他们受到教育、增长知识、提高素质。

6.从单一服务向研究式服务转型

图书馆开展研究式服务,这是时代赋予图书馆人的新使命。研究式服务是现代图书馆服务的更高层次,其注重在研究读者的同时研究图书馆自己。现代图书馆的研究服务面向学校、科研、企业、政府、社区等领域,广泛为社会化读者提供普遍开放、平等公平、以人为本的服务,使图书馆服务在直接参与或间接参与国家治理中的功能拓展,是现代图书馆的纵深发展。研究式服务包括研究服务、研究资源、研究读者、研究社会、研究政府、研究"自己"等。研究服务就是要给读者尽善尽美服务;研究读者资源就是要给读者个性化和特色化的服务;研究读者就是要了解需求,给读者优质和人性化的服务;研究社会就是图书馆要走向社会,开展广泛地调查研究,为我国经济社会发展提供适时可靠的信息服务;研究政府就是要走向政府,为政府决策提供适时有用和深加工的决策信息服务;研究"自己"就是以图书馆理论研究为支点,推动图书馆服务工作创新与发展。

7.服务内容创新。先进的服务理念也必将带动图书馆服务创新的发展。创新服务内容就是改变以往单一的馆藏文献的外借与内阅服务模式,从现代图书馆服务发展的新需求来拓宽服务内容。如利用现代技术手段和现代网络平台,开展各种数据库服务、知识库服务以及在线咨询服务。这些方式方法为读者提供了实体图书馆与虚拟图书馆服务,因而,极大地丰富了图书馆服务的内容,强化了现代图书馆服务的能力。

8.服务的方式方法和手段的创新。服务理念决定服务方式方法,即有什么样的服务理念,就有什么样的服务。图书馆由传统理念上的"藏书楼"转变为"没有围墙的图书馆",其服务的空间、领域得到前所未有的拓展,推动了服务方式方法的创新。如利用各种信息技术对分散化、多样性的信息资源进行有效整合和集成,使多种类型、多元化的信息资源形成一个有机整体,保障读者对信息资源的全方位、深层次的需求,为读者提供便利、高效的服务;如图书馆在现代技术条件下,开展"一站式"服务,帮助读者在短时间内全面获取所需信息的服务;如图书馆开展整体优化、馆际协作、联合互动、共建共享等集成化管理等,已成为现代图书馆服务的一种重要理论与方法。这一些都成为我们利用网络优势和现代化设施,组织、控制、创新、传播信息的新的方式方法和手段。

第五节 数字图书馆管理机制的创新

当前,我国数字图书馆的发展遇到了前所未有的良好机会。第一个有利条件便是信息时代技术的迅速发展,为数字图书馆的硬件建设提供了有力的革新途径,有没有强大的信息技术支撑已经成为数字图书馆建设的重要标志之一。随着信息技术功能的全面性和针对性发展，数字图书馆也自然开始依托现代信息网络进行信息服务，个别有条件的图书馆尤其是高效、科研机构等图书馆都已经开始自主研发信息服务核心技术，尝试开发出具有特色的信息手段来作为技术保障。第二个有利条件是知识经济时代的到来，知识产出和累积量成几何级数增加。数字图书馆发展的第三个机遇是当今社会所倡导的终身学习理念，终身学习使许多人将目光投向了数字图书馆，把数字图书馆信息服务作为充电和丰富业余生活的重要选择。

数字图书馆在面临发展机遇的同时也接受着种种考验，首先便是上述种种机遇中所隐含的高要求：信息技术的发展固然能够为数字图书馆提供技术支撑，但是同样需要数字图书馆具有一定专业技术的工作人员，具有较高安全信息防护系统；知识的极大丰富给数字图书馆提供了多样化的选择，同时使得筛选工作变得更加复杂，增大了工作负荷；服务群体的扩大，给数字图书馆带来发展契机的同时，也对数字图书馆如何提供个性化的读者服务提出了挑战。另外，我国各类图书馆传统的服务模式已经不能适应当前读者的需求和自身长远发展需要，这种历史性不足也阻碍了数字图书馆快速向现代化管理与服务转变的过程。

基于以上分析，数字图书馆要想在当前以信息和知识经济为主导特征的时代立足，就要提高自己的核心竞争力，而核心竞争力体现在管理上，就是要建立起一套高效运作的管理机制，将各项管理工作有机融合在一起，共同促进数字图书馆信息服务质量的提高。

一、图书馆创新管理机制构建的目标和内容

（一）学习型图书馆的创建

之所以要创建学习型图书馆，是因为这是图书馆开展创新活动的组织基础。衡量一个学习型图书馆的标志有4个方面：学习意识的普遍化、学习行为的终身化；学习权利和机会得到保障；馆员群体的学习力；人才成长和发展的有利环境得以建立。其中学习意识的普遍化，学习行为的终身化，是指每个馆员都认识到学习的重要性，都具有学习的愿望和要求，把学习融入日常工作和生活中。学习权利和机会的保障是指所有的馆员都有平等的学习权利和机会，教育资源共享，每个人都可以根据自己的兴趣和需要、能力，选择相应的学习内容、学习方式和学习进度。学习力是学习总量、流量和增量的综合效应，表现为：它能以最快的速度、最短的时间从外部世界中学到新知识，获取新信息；能从团体学习中改革思维方式，不断实现自我超越；能以最好

方法、最佳途径将学到的新知识、新技能应用于工作中并取得成效。只有提升群体的学习力，才能提高图书馆馆员的竞争力，促进创新人才的成长与发展。

（二）以创新为主流文化氛围的营造

图书馆的文化氛围是一种隐形与显形相结合并流行于图书馆的价值观、精神、行为、风范和制度等的总称。良好的文化氛围具有导向功能、约束功能、凝聚功能和激励功能等。因为良好的文化被全体馆员共同认可以后，就会影响成员的价值取向和行为取向，使其在潜移默化中接受共同的观念并自觉地作为目标追求；良好的文化氛围对每个馆员的思想、心理、行为具有控制和规范作用；文化氛围会成为一种黏合剂，从各个方面把馆员团结起来，从而产生巨大的向心力和凝聚力，形成强烈的使命感和持久的驱策力。以创新为主流文化氛围指的是图书馆以一种求知进取，尊重知识，尊重人才、尊重创造为主导的氛围，包括馆员在学习上不断进取，在工作上不断开拓的精神状态，它是整个图书馆精神文明的表征，并提供图书馆创新活动的强大智力和精神支撑。

（三）宣扬知识资源观念

重视知识的开发与有效利用知识资源的观念有两种含义：一是重视馆员自身知识的更新、完善；二是重视图书馆储备的知识产品的挖掘和深度加工，创造新的信息产品，为读者提供增值性知识服务。知识经济是以知识为主导的经济。这里的知识主要是指高技术知识和科学管理知识。其中高技术知识最主要的是信息技术方面的知识，即微电子技术、计算机技术、光纤、卫星通信技术方面的知识。在知识经济时代，谁拥有更多的知识和信息，谁就在竞争中掌握更多的主动权，谁就能占领发展的制高点，获得更快速的发展。当今，随着传统图书馆向数字图书馆的巨大转变，图书馆的服务重心、服务内容、服务方式等也随之发生转换。

（四）引导人们树立人才资源是第一资源的观念

人才资源是第一资源充分揭示了人才资源是其他一切资源开发的决定因素，强调的是对人智力资本的管理。图书馆发展所凭借的资源主要包括四类：人力、物力、财力和信息。其中，人类的智慧和能力是最重要的，人类智慧的发展和能力的开发程度支配和决定了其他资源开发的深度、广度和应用程度。人才资源具有自我增值的巨大潜力。今天，人类正在进入以知识和信息为基础的知识经济社会。随着科学技术的发展，人才作用发挥的条件和方式与以往大不相同。人的知识正在取代土地、资本和原材料而成为直接的生产要素，并直接产生价值。作为新经济时代代表的比尔·盖茨，仅以数百元起家，短短数年就一跃而成为世界首富，主要依靠的是在软件研究和开发领域的知识创新。因此，树立人才资源是第一资源的观念就要重视人才的选拔、培训和使用。

图书馆的核心竞争力落实到具体管理内容上，包括图书馆的知识管理体系、服务管理体系和人力管理体系，这三个体系互为基础，以"三位一体"的运转模式共同形成数字图书馆现代管理机制。因此，有必要就三个体系的创新发展进行探索，进而从整体上促进数字图书馆信息服务的高效运作。

二、知识管理体系：管理机制的核心要素

（一）知识管理与数字图书馆管理机制创新

数字图书馆管理和管理创新对于数字图书馆的可持续发展、成长能力、自身效率和服务水平等方面有着重要的意义，其目标是建设一个既符合网络传输的技术特性，又符合人们接受数字知识和信息社会文化习惯的知识与信息服务系统，合理配置与协调该服务系统中的各组成要素资源，协调与所处环境的关系，降低各种运行成本和交易成本，使数字图书馆发挥最大的系统功效，满足信息用户的需求，为科研机构、企业、政府及社区的知识创新、技术创新、管理创新、文化创新作业提供重要的知识服务和信息服务。要实现数字图书馆的功能，高效的管理必不可少，知识管理在其管理中将发挥关键性作用。

数字图书馆的知识管理活动在知识经济时代有着重要的经济价值和社会价值。数字图书馆的管理和有效运行，从创新和信息资源的开发意义上来讲，其关键就是知识管理。知识管理在数字图书馆的管理和运营中处于关键地位，是整个管理活动的中心和志向。知识管理包括知识开发、知识组织、知识服务等全过程的管理。这个全过程主要体现在馆藏文献的数字化加工、上网和网络信息资源的开发利用。这一过程具有明显的知识生成、知识创新和知识积累的特征。数字图书馆是知识管理的方向，是促进信息状态走向知识状态的转化；数字图书馆的运行过程本身就是信息向知识转化的一种路径和模式。

（二）数字图书馆管理机制创新与对策

我们认为，数字图书馆是保存大量结构化信息的数字化资源库，是由软件和计算机群，通过互联网连接在一起的高级信息系统。一个立足于知识管理、面向知识创新、面向科研机构和企业用户的数字图书馆管理机制的设计和创新中，应从系统论的观念和思想方法出发，建立包括数据采集加工和管理子系统，外部知识与信息搜索子系统、基于文献信息内容管理的本地知识与信息导航子系统、知识交互与融合子系统，面向特殊用户的个性化服务似组织创新、人力资源创新和技术创新为纽带和关键，通过这些子系统的整合构成一个完善、高效的数字图书馆知识管理和知识服务系统。

从管理意义上看，数字图书馆要实现有效的知识管理，并为知识创新服务，关键是要以知识管理为导向，面向并服务于知识创新，建立适合知识管理与创新的组织结构运行机制、技术创新与保障机制、有利于知识交流与共享的互动机制、以人为本的人力资源管理的激励机制。

1. 组织和组织结构设计与创新

传统的图书馆采用的是直线型的古典企业管理模式，有利于图书馆流水线式地开展文献工作。这种组织形式对重复性的文献检索和服务工作是有效的，但是对于知识创新而言，面对节奏变化和富于挑战的基于专门内容的知识服务来说，等级制的古典的直线式组织结构已经不能完全适应。数字图书馆知识和信息服务具有个性化、专业化、集成化及动态化的特征，知识创新要求数字图书馆必须变革传统和古典的直线型组织结构和工作流程，积极引进现代企业为实施知识和技术创新管理而进行的"业务流程重组"的管理思想，重新调整图书馆的组织结构设计和内部关系。数字图书馆组织结构优设计的理念应是以满足知识创新用户需求为导向，以开展只适合专业信息服务为重点，以提高工作效率为目的，把可获取的文献信息资源优势、可开发的人才有适合可持续的技术能力优势转化为基于知识管理服务的知识创新的优势，从而建立起以知识流和专业信息流为主线和流动方向的扁平化的业务运行和工作流程体系，建立起专门的科技型知识创新与项目相结合的灵活开放式的柔性化的组织结构。

2. 技术创新与保障机制

技术创新与保障机制是熟悉图书馆实现知识管理的技术基础，它充分支持知识的表示与管理、知识的积累与传递、知识的挖掘与再生以及知识的利用与文献的评价，支持基于电子信息技术和文献资源体系的服务继承，支持以用户为中心的个性化、专题化和智能化信息与知识服务。技术保障和创新的实质是以技术手段为基础，将知识信息源与用户使用过程紧密结合，灵活调用各种资源和功能，促成新型知识管理的安全、高效的运行。技术创新与保障必须与新的组织结构、人力资源开发机制和知识交流共享机制相适应。技术创新的路线和运行模式、技术创新水平及保障和供给机制在很大程度上决定数字图书馆知识管理的效率和馆内资源的优化利用及开发水平。

数字图书馆的信息技术能够有效地消除知识共享在时间和空间上的障碍。通过有效利用基于 Internet 的知识讨论软件、电子会议软件和头脑风暴软件等，从而使跨空间的知识共享交流得以实现。信息技术可以最大限度地方便对知识的获取，电子文档管理、文档信息系统和智能代理等技术能够帮助提供非结构化的知识，使用户做出有针对性的知识创新服务选择。

3. 知识交流与共享机制

一个数字图书馆的有效的管理机制，在很好地开展个性化服务的知识管理的同时，也应设计有利于知识在组织内外部流动和共享，有利于知识共享与交流的机制。部门化结构和动态知识服务团队相结合的、灵活开放的组织结构，能够充分调动和发挥知识型人才的积极性和主动性，促进人员之间的知识交流、知识共享和知识发生。

结构化部门与知识服务项目团队是两种不同形态的组织结构。当二者处于同一组织机构和相同的知识环境下时，具有知识上集成互补和交叉影响的良好关系，在现实中将正式组织与服务团队的管理方法相结合，可以很好地发挥数字图书馆知识管理的整体优化和知识共享的功效，形成良好的知识学习、知识共享与知识交流机制。

常用的知识共享，学习和交流机制有以制度的形式保障馆员的个人发展和学习。尊重、引导，激励馆员学习、交流与共享的自觉性和积极性；开展数字图书馆内部外部的知识交流引进；定期举行知识讨论会；开展 BBS 论坛。在数字图书馆组织内可以建立起一套促进知识型馆员知识共享行为、知识创新行为的有效激励机制。这一套激励机制可以从职务晋升、经济收入和精神满足等方面肯定知识型馆员为组织的知识创新共享、知识积累和知识交流等做出的贡献。

三、服务管理体系：管理机制的价值体现

如果说知识管理是整个管理机制的基础性要素，那么服务管理则体现出管理的价值。高效的管理机制，要求数字图书馆的服务要实现一站式、个性化和广泛性。一站式体现的是数字图书馆服务的便利性，通过整合资源和服务方式，简化用户索取信息的步骤，缩短查询到结果输出的时间；个性化是基于用户多元化需要而开展的针对性服务；广泛性则是对数字图书馆服务的普适性要求，数字图书馆要想在市场条件下谋求经济和社会效益，就需要对用户进行细致分类并加以丰富，做到"有求必应"。要实现"一站式、个性化、广泛性"的服务目标，数字图书馆管理可以从对象管理和服务手段上谋求出路。

在对象管理上，数字图书馆要在坚持知识信息管理的基础上，挖掘用户潜力，建立起面向用户的管理体系。其实，在许多领域尤其是商业领域，善于对用户进行主动管理，是许多企业得以发展的策略，都是做到了服务先于需求，通过有效的对象引导管理寻求商机，进而提供与其的服务。这种模式完全可以纳入数字图书馆管理机制中，让数字图书馆变被动为主动，提供针对性更强的信息服务。基于此，数字图书馆的对象管理就需要结合图书馆自身特点和服务对象特点，对用户群体进行分类、组织，充分运用群体促进效应，在相应的服务亚群体中推行新的政策、业务等。从形式上来看，对象管理需要建立用户的信息库，通过对用户的个人信息、借阅特点等进行分析，在征得用户同意的前提下还可以将用户单位、联系电话等涉及隐私权限的信息纳入个人

信息库，对这些数据进行统计分析，有利于数字图书馆获取有价值的信息，为有效的信息服务提供参考。

就服务手段而言，又是服务管理体系中存在创新性的突破口。目前国内较好的数字图书馆都在积极搭建更加有效的信息服务平台，这大多又是从服务手段的革新入手的，将这些经实践验证便捷而高效的服务手段进行有机结合，是数字图书馆提高管理有效性的重要途径。如上文提到的建立用户个人信息库，这本身就是一种非常好的服务手段，有了这种个人信息库，我们便很容易形成面向用户独特的服务建议，也可以对相同服务性质的用户进行分类，组建读者俱乐部这种服务对象实体组织，这是从横向上来进行针对性服务的。如果从纵向上来看，用户所需的服务带有一定的稳定性，那么数字图书馆为每位客户提供虚拟空间建立个人图书馆，也成了一种具有广泛适用性的服务手段，这种信息门户的建立，既给用户提供了自由选择、批量处理的机会，也为数字图书馆与用户之间、用户与用户之间的互动提供了平台，非常有利于数字图书馆群体发布信息，这在当前许多图书馆管理中已经广泛使用。与这种图书馆提供虚拟空间进行用户管理不同，Blog管理则显得更加开放，数字图书馆的主体地位进一步弱化，转变为众多参与者中的一员，显得对话更加平等，互动性也更强。这些新兴的服务手段是数字图书馆管理体系中的"结点"，共同形成网络式沟通平台。

四、人力管理体制：管理机制的动力系统

有许多研究者将图书馆的管理从狭义的角度界定为人力管理，这虽然有失片面，但是也说明了人力管理在整个数字图书馆管理机制中的地位非常重要，也是以往数字图书馆管理过程中相对较薄弱的部分。在整个数字图书馆管理机制中，人力管理作为一种软实力的建设，体现的是数字图书馆的隐性价值和人文精神，所以有必要对此进行探讨，我们可以从机构设置、考核评价以及员工培训等方面来构建人力管理体系。

机构设置上，传统图书馆管理中几乎没有将机构设置列为促进创新力和竞争力的可变项来考虑，导致人力管理缺乏应有的竞争机制和发展动力，最后影响图书馆整体管理机制的运转。因此，新时期的数字图书馆的机构设置应该有所突破，向着开放性方向发展，比如建立专门的信息资源开发部，增强数字图书馆的市场前瞻力，同时为了加强对外联系，可建立外联部负责具体的业务来往，机构的这种重组会给管理带来活力，并有利于岗位职责的明晰化。考核评价体系对于整个组织功能的发挥有重要促进作用，因此数字图书馆对员工的考核评价应该做到定性与定量相结合、客观与主管相结合、他评与自评相结合的"三结合"，作为整个管理机制中的动力系统，为数字图书馆功能的正常发挥提供支持。具体考核方式的创新应该紧紧依托已有机构设置，

提倡绩效考核，多向互评和集体评议相结合。

教育与培训是现代企业、组织用人的共识性发展原则，这也是组织长远发展所必需的，当前图书馆的功能由单一的借阅服务型向着服务、研究、创新一体化发展，需要图书馆馆员具备非常专业的知识技能和较强的创新能力，这些都有赖于图书馆管理过程中有计划的培训。因此，作为管理机制的一部分，数字图书馆应该制订详细的培训计划和培训内容，制定出馆员培训细则，分阶段组织馆员进行岗位培训、学历教育、学术活动、馆际交流，并注重理论与实践相结合，提倡员工走出去，与科研所建立科研合作关系，以此提高馆员的整体素质。

数字图书馆核心竞争力的衡量指标是多元化的，管理机制则处于其中心地位。尽管当前我国不同类型的数字图书馆都存在或多或少的机制落后问题，但是在彼此的比较、学习和竞争过程中，结合自身情况，数字图书馆都会通过管理机制的不断完善实现图书馆服务质量的提高，向着服务科研一体化的方向迈进。

第六节　图书馆创新服务的新理念

图书馆服务理念是指导图书馆服务工作的基本方针，是图书馆整体工作理念的主要组成部分，是图书馆用户服务原则、服务态度、服务方式的集中体现。它是在长期图书馆服务工作实践的基础上总结出来的，反映了图书馆服务的客观发展规律，是图书馆服务工作的前进方向、奋斗目标、理论依据和行动准则。

一、图书馆服务理念的演变

早在1876年，美国著名图书馆学家杜威曾提出图书馆读者服务的"三适当"准则，即"在适当的时间，给适当的读者，提供适应的服务"。这条准则，将图书馆资源的选择、提供与图书馆服务结合起来，对确立图书馆的服务理念具有开拓意义。

印度著名图书馆学家阮冈纳赞在1931年出版了《图书馆五原则》，该书在国际图书馆学界产生了巨大的影响。阮氏在该书中指出了图书馆的五个原则：第一原则"书是为了用的"；第二原则"每个读者有其书"；第三原则"每本书有其读者"；第四原则"节约读者的时间"；第五原则"图书馆是一个生长着的有机体"。这五个原则是对杜威图书馆服务"三适当"准则的继承和发展，被誉为"我们职业的最简明的表述"，为确立现代图书馆服务的理念奠定了思想基础，被大家认为是不可逾越的金科玉律。第二次世界大战后，在西方发达国家，图书馆界提出了"服务至上""读者第一"的图书馆服务理念。

我国图书馆读者服务观念的孕育、形成大约在清中叶以后，乾隆时期出现的私家藏书"籍书园""共读楼"和官家藏书"文宗阁""文汇阁"等都有一定程度的开放。清末，随着国门被打开，西方科学文化的传入对我国图书馆事业的发展产生了较大的影响，读者服务的形式和范围都有所发展，但这一时期藏书开放的目的是"启迪民智"，读者服务的范围还限于少数知识分子。进入 20 世纪以后，民主、科学的观念得到广泛传播并不断深入人心，我国图书馆事业特别是图书馆读者服务工作才有了突飞猛进的发展。从 20 世纪初各省公共图书馆的建立，以及图书馆的对外开放到"五四"前后担任北大图书馆主任的李大钊提出"现在图书馆已经不是藏书的地方，而为教育的机关"以及随后各大学图书馆的发展，再到 50、60 年代提出"千方百计为读者服务""一切为了读者""最大限度地满足读者的借阅要求"，80、90 年代提出"读者至上、服务第一"的口号。这样，一个以"读者第一"为最高理念的进步开放的读者服务观念就基本形成，从而树立起具有行业特色的服务观念。

二、现代图书馆创新服务理念

20 世纪 80 年代中期我国图书馆界提出了"读者工作是图书馆工作的出发点和归宿"的创新服务理念，对我国图书馆的服务工作起到了极大的导向性推动作用。进入 21 世纪后，又提出了一些新的服务理念并指导着图书馆服务工作的理性发展，如上海图书馆实施"面向市场的文化教育功能，信息集散的枢纽功能，信息加工的增值功能和信息营销的市场功能"的理念，深圳南山区图书馆学习麦当劳作风七原则、小天鹅一二三四五方针，开展"七要""七不要"，言行规范"一二三四五"，这些都是图书馆服务理念创新的典范。

21 世纪图书馆应该具备以下一些服务理念：

（一）"以人为本""用户至上，服务第一"的创新服务理念

从哲学的角度看，所谓的"以人为本"，简单地说就是正确认识和处理人与其他生产要素的辩证关系，重视人的创造力及其主导、能动和决定作用，将人作为"活力源"，从而形成的关于人的科学理念。从知识的角度说，"以人为本"符合辩证唯物主义的认识论。作为图书馆来讲，人、财、物、文献管理、信息开发、服务纵然千头万绪，但一切是受人统帅和支配的，是通过人的工作和劳动去实现的。

在图书馆服务中，坚持"以人为本"的服务，指的是在服务工作中，不管何时何地，都要"用户至上，服务第一"，要把"为一切用户服务""一切为了用户""满足用户的一切合理需求"作为图书馆服务工作的出发点和归宿。图书馆的社会价值是从满足用户需求中体现出来。一个图书馆办得好不好，其办馆效益、社会价值如何，主要

以用户对图书馆的认识去衡量，要看他们对利用图书馆的希望程度，对服务项目和服务标准的信誉程度，对服务人员素质和服务水平的满意程度，对服务效果的认可程度。

图书馆工作以用户为主导，并在三个方面给予充分体现：一是用户对文献信息，即馆藏文献信息是否符合用户需要，馆藏的信息、知识量度，内容价值必须由用户作出判断；二是用户对图书馆馆员，即馆员的服务态度、服务能力、服务效果必须由用户来鉴定；三是用户对图书馆工作，即图书馆的各项业务建设、制度规章、服务项目及设施是否反映用户利益与要求，必须由用户加以评价。"用户至上，服务第一"的表述与商业市场提出的"顾客至上"或"顾客是上帝"没有本质的区别。可以说，"用户至上，服务第一"作为馆训。为充分体现这一指导思想，图书馆采取成立读者工作委员会实施对图书馆工作的具体指导；定期向读者汇报工作，出版图书馆工作年报，如实反映取得的成绩和存在的问题，接受全社会监督，推行义工制，邀请读者积极分子义务协助图书馆工作等。

（二）重视服务成果的创新理念

服务作为智力劳动必然要产生成果。重视服务成果的创新观念对于强化服务的目的性非常重要。这具有两层意思：一是不仅要把服务作为一个图书馆工作过程，更重要在于把它当作一个目的，既然是目的就需要看重服务成果，这种成果包括服务活动中的工作成果和开发文献信息产品的成果。为此，服务工作自始至终都要具有需求观念，要经常性开展调查研究，并建立长期的反馈系统，不断改善服务，提高工作质量，争取获得最大的效益。二是要重视服务成果而不异化服务成果。对图书馆服务成果要正确分析、对待，它是一个潜移默化的过程，有一定量的局限，不可能立竿见影，一般都由量变到质变。所谓异化用户的劳动成果就是将用户自身的努力、创造所取得的成就都归结于图书馆的服务，往往对此广为宣传并向用户颁发"读书成果奖""读书贡献奖"等。

（三）竞争的创新理念

在谈到服务产品的微观特征时，我们曾提出它具有相互替代性。图书馆服务也具有一定的替代性，它与社会其他服务活动关系密切，彼此间相互补充，从而形成了一种竞争。

作为精神文化服务而言，广播、电视、文娱、体育、信息网络正在日益发展、提高，任何人都无法摆脱社会文化的影响和制约，并同时参与文化的活动与创造。当今图书馆的生存条件面临着重大的挑战，人们不仅可以享用丰富多彩的广播、电视节目，还可以不出家门利用网络图书馆来获取各类信息，甚至可以通过网上书店购买书刊。

在所有竞争对手中，网络对图书馆的冲击最为明显。网络仿佛是一个庞大的图书馆，随时向人们提供无所不包的信息，任何人只要家里拥有一台电脑，连通网络，就可以跨时空、跨地域地漫游信息世界。网络的发展势必削弱人们对图书馆的依赖程度。同时，面对开放式的环境，用户与网络之间是一种人机对话交流形式，没有传统图书馆服务工作中一些人为负面因素的影响，既能较好地满足用户迅速获得文献信息的需求，还节约了人们往返图书馆的时间、交通费用等这些边际成本。在这种情况下，人们将有是上网还是去图书馆进行选择的权利，若能够在家里"坐享其成"，还有谁愿意花时间和精力前往图书馆。

大众传媒及信息网络发展的动力是科学技术与社会需求，但它们对图书馆既构成一种冲击，也提供了一个动力和机遇。纵观精神文明的求乐、求美、求和的总体功能，图书馆作为社会求知的知识载体将永远在精神文化中处于龙头地位，并且日益加强求乐、求美功能。阅读渗透于生活的每个角落，为其他文化服务不可替代。另外，网络对图书馆更多的是一种互补的关系。这是因为一方面网络上对用户有用的信息资源并不是太多，有些资源还是以商业性质出现，图书馆的资源优势仍然存在；另一方面网络的利用毕竟需要有计算机、上网等技术条件做前提，此外网上阅读还极易产生疲劳，没有传统阅读的休闲和随意。因此有人认为，图书馆真正的竞争对手是书店以及各种形式的社会读书组织，诸如书友会、读书社、读者沙龙、读者俱乐部、图书银行等，它们采取会员制形式，以少量的交费，享受互惠借书刊或优惠购书等，远比图书馆服务灵活、方便，颇受读者欢迎，已构成对图书馆服务工作的一个威胁与挑战。为此，我们应该充分发挥自己的优势，努力克服封闭、保守状态，进一步深化信息开发，加强网络化与数字化建设，提升服务人员素质与服务水平，化被动为主动，力争在各类精神文化服务方面牢固占据自身应有的地盘。

（四）特色服务的创新理念

在科技、经济、教育迅速发展，社会需求日益多样化的环境下，扩大规模，全面出击，并非是图书馆发展的最佳出路。相反，盲目的外延式发展有可能使图书馆在将来进入进退两难的境地。企业界对此有许多深刻的经验教训，如一味的产业扩张使企业难以生存，而特色产品和服务却往往能够在竞争中占据优势。因此，现代图书馆没有必要去追求自身规模的大而全，而应树立特色服务的理念，充分利用网络和图书馆资源的优势，开展特色服务，使之在激烈的社会竞争中求生存、求发展。

近年来，北京、上海、湖北等地出现的特色图书馆和图书馆特色服务是非常成功的，获得了社会和图书馆用户的一致赞誉。特色图书馆和图书馆特色服务是在改革开放和市场经济这个大背景中孕育出来的具有中国特色的新事物，它的出现给我国的图书馆事业注入了新的活力。从发展的轨迹看,特色服务开始是在图书馆改革实践中从传统的常规服务中派出和发展起来的,表现出"人无我有,人有我优"的与众不同的特性,在长期的工作实践中逐步形成并相对稳定下来,展现出各个图书馆的个性。

特色服务之"特"主要有三个方面。

1.对象上的特色。特色服务的服务对象,往往突破了地域和用户服务工作常规,适应了"为一切用户服务"的宗旨。

2.服务方式上的特色。特色服务改变了传统的在出纳台前坐等用户上门的被动服务模式,而是走出图书馆大门,在更为广阔的空间,采取多样的服务措施,体现了"一切为了用户"的宗旨。

3.服务内容上的特色。图书馆开展特色服务,其资源必然是对一些专题和学科具有相对丰富的收藏,能为用户提供比较专业和专门的服务。

虽然特色服务的形式呈现出多样化的格局,但是如果我们对图书馆特色服务的内容加以认真分析和研究,不难看出特色服务所具有的共同特点:一是适应社会公众的需要。特色服务项目的设立,充分考虑了社会公众的需求程度和地区环境的特点,因而具有强大的生命力和深厚的社会基础,这是搞好特色服务的先决条件。二是具有专题馆藏资源的优势。图书馆的特色服务必须建立在文献资源特色化的基础上,并以此构成用户服务的基础,为取得较好的服务效果铺平道路。失去了这一优势,特色服务只是一种奢望和空谈。三是采用现代化的服务手段。特色服务显示出现代化的服务特征。如在文献载体上,由单一的印刷型书刊转变为书刊、音像制品和电子出版物、数字文献等多种载体;服务方法上,改变单纯的借借还还为文献的采集、流通、辅导、咨询以及情报信息服务于一体的新模式;在服务手段上,已不完全依靠手工操作,而是借助于计算机和网络技术进行文献信息的管理开发和利用。

(五)3A 新理念

对于广大用户那些较低层次的文献信息需求,图书馆传统的服务模式和方式已基本可以使其得到满足。然而,如何满足广大用户那些较高层次的文献信息需求,应该说还有很大的研究空间。与知识创新相关的文献信息需求以及与审美、教学、认知相关的文献信息需求极为迫切。于是一种崭新的用户服务理念 Anytime、Any-where、Anyway(无论何时、何地、以何种方式),简称"3A 理念"便应运而生。所谓"3A 理念",就是说,无论用户在什么时间、什么地方、通过何种方式,都能得到图书馆方便、快捷高效的文献信息服务。要使这个理念变为现实,有赖于"虚""实'两个用户服务系统作为依托。所谓"虚",就是基于网络的虚拟用户服务系统或称虚拟参考咨询服务系统。所谓"实",就是基于流通、阅览、声像等业务部门以及遍布各个部门的实体参考咨询台。"虚""实"结合，使图书馆服务的时间、空间从有限变为无限，服务方式也由比较单一趋向多元化。

（六）协作服务的创新理念

由于现代科学技术迅速发展，文献数量急剧增长，无论哪一个图书馆都不可能做到把某一学科文献收集齐全。而现代社会生活丰富多彩，用户的文献信息需求繁复众多，无论在哪一个图书馆都不可能完全得到满足。由于社会分工高度专业化，文献信息服务活动整体化已形成互相依存、互相促进的态势，图书馆联盟的作用将日益突显，人们越来越依赖于行业内与行业间的合作与交流，从而使交流与服务更加呈现出多元化。

几十年来，图书馆为使自身形成一股群体力量，开展协调与协作，取得了一定成绩。但与当今社会发展要求尚有相当距离，特别是文献信息资源"共建共享"工作中存在论说多、实际行动少，共享的兴趣高、共建的积极性低，目的性不明确，直接为用户服务的社会效益不明显等问题。图书馆服务特别是馆际互借和文献传递服务未得到有效利用，不少图书馆的服务工作局限于本馆的文献信息资源，管理人员缺乏资源共享观念，造成服务拒绝率较高。

图书馆协作服务的目的在于提高服务能力与水平，使服务形式更加灵活多样，服务内容更加丰富全面。图书馆协作的组织形式是成立各种各样的图书馆服务联盟。鉴于信息网络已经成为全球化的格局，各图书馆在协作架构中怎样去组织、加工各种传统文献信息资源并有效地利用网络资源是服务工作中不可忽视的问题。

图书馆的协作服务实践要在各馆之间通过充分协调，从用户需求出发，选择关系全局、用户受益比较大的项目进行。这除了确定图书馆的资源建设方向外，还要解决为用户提供什么信息的问题。书目信息是图书馆开展服务，组织文献资源流通的基本手段，是文献信息资源"共建共享"的基础，务必优先集中力量做好，因为知识不仅积累，更重要的是靠检索。

图书馆协作服务还应该包括社会团体及用户群，只有把图书馆融入社会，并从中有效地汲取、利用智力资源、物质资源等，才能互相服务，彼此信任，良性互动。协作与竞争是对立的统一，为了共同的利益开展协作，从协作中显示自身的实力就是竞争；而竞争又是为了共同的利益，更好地提高图书馆的协作水平。

三、信息共享空间文化与精神的构建

信息共享空间的构建，必须进行科学规划、合理构建，使信息共享空间的实体层、虚拟层、支持层等要素充分系统体现图书馆文化精神，以上系统罗列出来的文化与精神元素正是信息共享空间文化与精神的重要体现，但是，若要发挥其作用，则需要在构建过程中对各类文化元素进行系统、科学的设计，使之融于信息共享空间系统之中。

（一）实体层中的构建

文化与精神元素在信息共享空间实体层中主要体现在彰显图书馆文化精神。信息共享空间实体层包括实体空间，其直观的表达便是在图书馆一定区域内具有明确标识的、看得见的服务空间，是信息共享空间服务的物理空间，是用户交流、学习、沟通的实体场所，是提供服务的前沿阵地，与用户之间保持零距离接触，它正是图书馆文化精神实践的最佳场所，也是检验图书馆文化精神的理想之地。

1. 渗透文化元素，塑造文化氛围

信息共享空间实体层主要包括交流区、讨论室、研究室、指导室、多媒体室、咖啡吧、咨询台甚至休闲区等，这些具体场所的设计与构建和图书馆文化精神的实践与弘扬之间具有重要联系，它们需要通过具体的文化元素设计与构建来彰显图书馆文化精神内涵，通过空间的布置尽量将民族文化、校园文化、时代文化等具体文化元素蕴含其中。这里的文化设计将是信息共享空间文化精神内涵的重要体现，特别是通过美学、声学、空间结构等现代人文、艺术、科学之间的有效综合，使得信息共享空间实体充满文化氛围，达到文化辐射效应，从而使用户与馆员身于其中自然受到信息共享空间实体层内各类文化元素的熏陶，在文化氛围的笼罩下享受信息共享空间的各类服务。

2. 实践以人为本，注重细节设计

除了通过实体空间内文化元素的渗透设计彰显图书馆文化精神外，我们更要在具体的服务中本着"以人为本"的理念，从用户的角度充分考量各类细节设计，将文化元素渗透信息共享空间实体层中。在此，我们可以借鉴企业CI（企业形象识别系统，Corporate Identity）进行设计，它由MI、BI、VI三个部分组成，MI即企业经营理念，来自企业经营的长期实践和企业大多数员工对企业生存、社会使命、发展方向和总体目标的认同，是企业整体的价值观和经营宗旨，是企业文化的灵魂、核心，与企业精神同属于观念形态，是企业所追求的目标、精神风貌等；BI是企业行为识别，是MI的展开，代表企业理念和企业人格化的一系列行为的展示，与企业作风同属于行为形态。VI是外部视觉，是企业形象塑造的设计，呈物质形态，突出企业的个性，塑造企业的独特形象如企业标识、理念符号、广告设计等。在信息共享空间内部设计中，我们可以借鉴CI设计三部分，通过信息共享空间服务中的细节设计，全面渗透文化元素，充分表达图书馆及信息共享空间所倡导和弘扬的基本文化精神。如各类图书馆标识、理念标识、特别提醒等Logo。

3. 倡导平等自由，宣传服务理念

现代图书馆倡导平等自由的服务理念，信息共享空间理应遵从。我们可以在其具体设计与构建中，从以人为本、平等自由以及传承文明的角度出发，使预先规划设计的信息共享空间在实际运转中彰显这些基本理念，如在具体空间中设置无障碍通道既体现以人为本理念也彰显平等自由精神；在各类小间的设计中遵循多样化规则，满足多类读者需求，避免千篇一律；在其服务 Logo 的设计中融入平等自由元素，在实体空间的服务过程中贯彻人文关怀、一站式服务等理念。

（二）虚拟层中的构建

文化与精神元素在信息共享空间虚拟层中主要体现在传播图书馆文化精神。信息共享空间虚拟层由实时通讯、博客、维基、OPACs、Flickr、社会网络、知识库、虚拟参考、兴趣小组、聚类、书签、推荐、共享、数字图书馆等技术元素及其有关产物组成。

1. 实体与网络互动，传播信息共享空间理念

相对于实体层，虚拟层因为技术的优越而显得"虚拟"，但在网络如此普及的现状中，虚拟层的影响不断放大，信息共享空间服务在网络环境中通过虚拟层的元素得到更快捷、更直观的传播，用户突破时空限制自由享受服务，馆员跨越时空隔阂便捷提供服务。正是在这种客观的虚空间实践中，通过虚拟环境中交互式的沟通，馆员用服务传播图书馆文化精神，用户用实践检验图书馆文化精神，它们之间的有效吻合正是信息共享空间虚拟层传播图书馆文化精神的最佳检验。例如，通过技术手段，构建"在线信息共享空间"，实行"7×24h"式服务，提供丰富、专业的信息服务，凝聚用户的在线关注，培育用户在线获取的信息素养，从而通过这种在线互动，将图书馆文化精神所倡导的以人为本、平等自由、传承文明之理念向用户传播，向社会传播。

2. 应用社会软件，推广图书馆 2.0 文化

与早期国外信息共享空间诞生的环境不同，目前，国内信息共享空间的研究和构建与图书馆 2.0 几乎同时进行，而图书馆 2.0 正是 Web2.0 技术在图书馆广泛应用的结果，信息共享空间的虚拟层正是各类 Web2.0 性质的社会软件应用的结果。如博客、RSS、Wiki 等，均在信息共享空间的虚拟层备受重视，这些 Web2.0 技术与图书馆之间的结合，促成了图书馆 2.0 文化的形成，信息共享空间理应重视网络环境，充分利用社会软件，推广图书馆 2.0 文化，同时传播图书馆传统文化与精神。如通过网站的设计，将实体的文化元素一方面加入网站之中，同时建立互动平台，以 2.0 文化的方式进一步推广信息共享空间服务，使用户得到全方位的服务，通过实体与网络的互动，不仅使用户在实体空间受到文化与精神的感染与熏陶，同时，通过网络空间，通过社会软件，打破实体空间的时空限制，进一步延伸实体信息共享空间的服务。

这种文化与精神在信息共享空间动力系统中的意义为：知识价值观通过信息共享空间网络社区的广泛传播，通过社会与内化过程融入参与者的人格系统里，从而影响或改变其知识需求结构，使需求动力发生变化；从图书馆作为公共文化机构来看，信息共享空间的实施正是图书馆重新确立其社会公共信息中心地位的难得契机，也为图书馆实现其核心价值观念开创了全新的方式与途径。作为一种公益性服务机构，图书馆应借助于功能集成、协同论、知识管理和战略联盟等理论交融的合力，营造"公正、公平、自由、共享"的服务氛围，促进文化的传播和知识的共享，为支持大学的发展和社会的进步提供信与知识保障。

（三）支持层中的构建

　　文化与精神元素在信息共享空间支持层中主要体现在秉承图书馆文化精神。文化与精神是支持层的核心和价值体现，在信息共享空间支持层的结构中，图书馆文化精神是其重要内容，体现在"文化与精神"模块之中，但彰显于信息共享空间的各个角落。对于支持层来说，图书馆文化精神需要其内部得到有效的贯彻，必须在构建支持层过程中旗帜鲜明地秉承图书馆文化精神，将其核心理念贯彻于支持层的各个部分。在信息技术的采用上要体现以人为本，尽量考虑到技术的可用性以及技术支持人员的服务理念的强化；在组织与管理中，无论是事前的制度设计还是事后的具体执行，都需将平等自由理念贯穿其中，通过制度化的设计将图书馆文化精神理念内化于信息共享空间的构建与运行全过程。

　　1.制度化设计，凝聚信任与组织文化

　　在信息共享空间的架构中，"组织与管理"是支持层的重要组成部分，作为文化与精神，它不仅是信息共享空间支持层的重要组成部分，而且渗透于整个信息共享空间架构的各个部分，"组织与管理"也不例外。从文化层面来看，组织与管理不仅体现在实践之中，而且内化于制度化设计之中。作为制度性的规章，它正是文化的重要层面之一。我们在对信息共享空间文化精神进行界定的时候，特别强调文化包括物质层、制度层、精神层，其中制度层的信息共享空间文化精神体现正是在信息共享空间运转的制度化设计之中，通过制度化设计，使其基本理念成为信系共享空间运转的制度保障，这必然需要通过制度化设计，使之成为信息共享空间工作人员和用户共同遵循的规章制度，进而成为成员共同遵守的信条，凝聚用户与用户、馆员与馆员、馆员与用户之间的信任文化，通过组织管理层面对信息共享空间文化与精神的秉承，形成共同的组织文化.共同促进信息共享空间的良性运行，实现信息共享空间的基本目的，彰显信息共享空间文化与精神。建立良好的组织文化，将使得组织成员拥有基本一致的价值观念和行动准则，有利于组织制度的认同和实施，有助于工作中的协作。图书馆、信息技术等不同部门的文化是有差异的，工作环境不同，相互不了解对方领域的知识等都构成挑战，在信息共享空间中协作就会有频繁的文化冲突。缓和冲突和矛盾的办法有多种途径，全体人员共同参与制定目标和规章制度；通过专题对话，交流思想，达成共同价值观；邮件、博客、内部论坛等多种交流途径应用于构建组织文化。

2.秉承协同理念，塑造信息共享空间协同文化

从信息共享空间内涵来看，它本质上是以图书馆各类资源（包括传统的纸质图书、报纸、杂志，也包括网络环境下的电子资源或数字资源，同时包括图书馆作为实体的载体即图书馆物理空间）为基础，在新的环境下（开放获取和共享式学习以及图书馆在时代背景下的发展趋势），图书馆主动引入这种集资源、人员、空间为一体的新的服务方式，为广大图书馆用户提供快速、便捷、有效的信息服务，这种服务方式的实现，明显地蕴含着协同理论于其身，直接体现在如何将图书馆的资源、人员、空间二者协同，释放出三者集合的最大优势功能。而当我们考察海内外已经开展信息共享空间服务的图书馆时，从其组织实施的角度，我们可以看出，这种服务的实现不仅需要这三种要素（资源、人员、空间），同时需要一套有效的运行制度或者说是组织实施制度来保证其优势功能的实现。这种组织实施不仅涉及图书馆内各部门之间的协调，也包括图书馆与学校其他部门之间的协调，如信息中心、各院系单位，因此，若要实现信息共享空间蕴含的潜在功能，必然需要这些内部与内部、外部与外部之间相互联系、相互沟通、相互协调，这正是协同理论的内涵所在。因此，在信息共享空间的构建与运行之中，理应自觉秉承协同理念，使其成为信息共享空间运行的基本要求，成为文化层面共同遵守的协同文化。

3.通过信息共享空间具体实践，构建信息共享空间学习文化

信息共享空间基本目的之一便是通过信息共享空间的设计，使新环境下用户重归图书馆，回归图书馆"场所"位置，使读者身入图书馆空间，感受并享受信息共享空间服务，为用户的学习做出贡献，使其信息素养得到潜移默化的培育和提高。现代大学图书馆的功能之一便是强调图书馆是大学生重要的学习场所，不仅要求提供足够的资源保障其学习、科研的进行，而且要提供便捷、舒适的学习场所氛围，使大学生能够在图书馆感受其学习氛围，使图书馆成为重要的文化学习场所。信息共享空间诞生的背景之一便是"一站式"服务理念在大学图书馆的强调和实践，通过信息共享空间的推广与实践，必然会进一步推动大学学习特点的保持，适应新环境下大学生学习要求，保证大学生能够在信息共享空间内享受良好的学习氛围，自觉学习，使信息共享空间的学习文化对用户产生潜移默化的影响。

第五章　数字图书馆服务模式研究

第一节　数字图书馆服务模式的演变

数字图书馆信息服务模式是指数字图书馆信息服务系统的各组成要素之间相互关系的组合，是数字图书馆服务系统开展信息服务活动的工作模式。数字图书馆的根本目标是通过一系列服务机制与模式有效支持用户利用信息来学习解决现实问题和创造知识。随着数字图书馆的逐步发展和成熟，数字信息资源、信息服务系统和用户信息环境的发展与变化，其信息服务模式也经历了一个从"馆员中心""资源中心""产品中心"到"用户中心"的演变过程。本节将对这一演变规律和未来走向进行初步探讨。

一、数字图书馆的萌芽阶段："馆员中心"服务模式

数字图书馆的萌芽最初是基于图书馆业务工作发展的需要，其目标集中在如何提高图书馆工作效率以更好地服务用户。这种基于业务工作的需要的服务模式必然是一种从信息服务人员（馆员）出发，并以信息服务人员为中心的服务模式。信息服务人员在这一模式中处于主动、主要和中心的地位，是信息服务工作的中心，一切工作以是否有利于服务人员开展服务工作为目的，而过少考虑信息用户的主动参与。用户自始至终处于被动接受的地位，不能主动地选择和参与信息服务产品的生产，只能坐等服务人员给他们提供产品，他们的需求在服务人员的信息服务工作中得不到充分的反映，因而也就得不到充分有效的满足。

二、数字图书馆的产生阶段：基于信息存贮的"资源中心"服务模式

随着文献信息的爆炸性增长，现有的实体图书馆根本无法承受其增长带来的存贮压力。当计算机网络与信息存贮技术为文献信息存贮压力带来了新的发展契机时，特别是数字信息处理技术为人类信息传递揭开了新的历史篇章，大量数字信息开始替代

文献信息出现,这实际上是数字图书馆产生的主要标志。与此相适应,信息服务模式也演变为一种以数字资源为中心的服务模式。"资源中心"服务模式,就是指服务人员只注重文献信息资源的数字化转化,向用户提供的只是一种数字化了的文献信息,而缺少加工与挖掘的深度,只是简单的替换而非精细的加工与产品开发。资源不作开发,不形成适销对路的产品,对用户来说始终是一摊废物,因此这一阶段的服务模式本质上还是传统的,没有摆脱文献信息服务模式的禁锢。

三、数字图书馆的快速发展阶段:"产品中心"服务模式

这一阶段的数字图书馆主要是一种以 MARC 书目管理系统为纽带,基于本馆特定的数字化馆藏资源的相对独立的数字信息资源系统。随着数字图书馆的发展,工作重心的转移,用户观念的转变,信息服务产品在服务中的地位与作用日益突出,萌芽阶段的服务模式明显不能适应现实发展的需要,产品中心信息服务模式应运而生了。信息服务人员通过对信息资源加工增值形成信息服务产品,并以某种策略与方式提供给信息用户使用。在这种服务模式中,服务活动的中心是信息产品,关注的是信息资源的加工和服务产品的生产。此服务模式各要素中突出服务资源,产品的地位,用户是客体,始终有求于图书馆,居于从属地位,信息服务人员的特定服务和信息用户的能动性受到忽视。

四、数字图书馆的逐步走向成熟阶段:"用户中心"服务模式

成熟阶段的数字图书馆是以对大量通过 Internet 提供的分布式数字信息资源的应用为主要特征,不再以文献数字化和具体数字资源库建设为核心,而主要是面向分布式和异构化数字信息资源,通过服务集成构造统一的信息服务系统。分布式、异构化的数字图书馆信息服务环境必然要求其服务模式有新的突破与创新,必然要求数字图书馆服务以用户为中心。"用户中心"服务模式就是信息服务工作一切从用户信息活动出发,基于信息用户的信息需求并以用户信息需求的满足与问题解决为目标的信息服务工作模式。信息服务工作从信息用户出发,根据信息用户的信息需求与解决问题的信息活动的需要,以某种策略与方式生产用户需要的信息产品提供给信息用户,用户的需求与问题在这个服务活动中得到彻底解决。用户中心服务模式充分注意到了数字图书馆信息服务活动各要素之间合理结合与服务系统功能放大,特别强调了信息用户在信息服务活动中的主观能动与参与作用,用户是这一服务模式中的主体。

五、数字图书馆信息服务模式的未来走向

迅速发展的信息网络和数字信息资源体系正在造就一个全新的信息服务环境。信息资源、信息组织工具、信息传递工具日益聚合为同一数字空间,信息资源系统、信息服务系统和用户信息系统日益趋向连接于同一网络空间,一种面向用户信息活动和用户信息系统来组织、集成、嵌入数字信息空间的信息资源和信息服务的信息环境正在形成。这使得信息资源的物理存在与逻辑存在不再相互制约、不可分割,信息资源、信息服务、信息用户及其信息活动都聚合于同一数字空间中成为可能。与此同时,各种基于网络、基于知识、基于协作的信息处理机制也日益成熟,它们之间的链接、交换、互操作、协作和集成也日益成为可能,这都极大地支持用户灵活自主地处理信息、提炼知识、协作交流和解决现实问题。这必然要求数字图书馆服务人员从用户信息利用全过程及其复杂信息活动的角度来重新审视信息服务系统的功能结构与服务模式,构建一种基于用户信息活动面向问题服务主动与利用自助相结合的集成式信息服务模式。它强调服务人员与用户双方的主观能动性,把数字图书馆信息服务系统嵌入用户工作与信息利用环境中,以支持用户在信息利用过程中对数字信息对象的灵活处理、知识提炼和协作交流,围绕用户信息活动、用户需要解决的现实问题和用户信息系统来组织、集成、嵌入数字信息资源和信息服务,从而更直接、深入、有效地支持用户自主检索、处理、利用信息来解决现实问题的全过程。这种模式的主要特征具体描述如下:

(一)基于用户信息活动

基于用户信息活动就是指以信息活动为出发点和立足点全程跟踪用户信息活动。与以往基于信息资源的服务模式不同,它将打破信息系统与用户信息利用过程之间的隔绝,基于用户的信息活动的利用过程,动态适应性地聚合信息资源、信息服务系统及用户信息利用活动,致力于通过服务帮助用户解决问题。在这种服务模式下,信息服务与用户信息利用活动全过程绑定在一起,动态随机地满足用户信息需求,成为用户活动及其环境中的有机部分;信息资源体系不再一成不变地保持固定的体系结构形态,而是成为可动态组合、变化的以适应和支持基于用户信息利用活动而随机聚合的信息服务有机体。在分布式数字资源系统(数字信息资源层)和集成信息服务体系(集成服务产品层)基础上,通过一定的个性化定制策略与机制形成适应用户或用户群组需要的可能是动态过滤、析取和组合的资源、工具和服务集合(个性化定制层),这些集合被有机地嵌入用户信息系统或用户信息利用环境(用户系统层)中,直接支持用户的信息利用活动。

（二）面向问题解决

面向问题就是源于信息用户当前有待解决的问题并以用户问题解决为最终目标，即在信息用户存在解决现实问题的信息需求并寻找合适的信息服务的帮助的前提下，服务人员据此进行数字信息资源及其产品的加工生产，集成各类信息资源形成有针对性的个性化的信息服务产品或问题解决方案，运用适当的策略与方式把特定的信息产品与服务提供给用户，达到帮助用户解决现实问题的目标。

（三）以用户满意为目标，增进用户利益、超越用户期望

数字图书馆信息服务要以用户的需求为出发点，以圆满解决用户问题为目标。用户是图书馆服务的核心，是服务质量的最终评价者，离开用户，不能让用户满意，数字图书馆也就失去生存的价值。从现实情况看，用户的需求与用户的利益并非总是一致的。满足了用户的需求，并不等于维护了用户的利益。我们必须处理好用户需求与用户利益之间的关系，不应只是单纯满足用户的需求或欲望，更重要的是增进用户的利益。按照信息用户对信息需求的期望程度，我们可以将信息需求分为三个层次：基本需求、期望、超越用户期望。用户的"基本需求"是信息产品或服务必须具有的属性或功能；用户"期望"提供的信息产品或服务不一定是"必须的"，但却是用户希望得到的。超越用户期望，是指提供给用户一些完全出乎其意料的产品或服务。我们不仅要满足用户的基本需求，还要超越用户"期望"，使用户感到满意和惊喜。

（四）信息服务内容知识性

从本质上讲，数字图书馆信息服务是一种知识服务。知识服务是指从各种显性和隐性信息资源中，针对人们解决问题的需要将知识提炼出来、传输出去帮助问题解决的过程。用户的信息需求实际上是为解决实际问题对所需知识的需求，信息只是他们用于生产知识的资源。知识经济的显著特征在于知识成为生产力的关键因素，在于产品和服务的日益知识化。知识经济的迅速发展以及社会和用户在网络环境下呈现出对知识的迫切需求，这就促使数字图书馆的信息服务必须在知识服务层次上下功夫，有效地收集、组织、存储信息资源，根据用户的需要对信息资源进行深层次开发挖掘其中隐含的知识，将这些知识信息融合和重组为相应的问题解决方案，并将这些知识固化在新的产品、服务或管理机制中。数字图书馆信息服务的价值主要体现在其为社会经济发展提供服务的知识含量，而非简单的信息数量。数字图书馆的知识服务将会促进知识信息的传播、利用及再生产，使用户掌握知识，成为作用于社会经济发展的生产力，这是数字图书馆信息服务的价值体现。

（五）信息服务环境聚合化

迅速发展的信息网络和数字信息资源体系正在造就一个全新的数字图书馆信息服务环境：信息资源、信息组织工具、信息传递工具日益聚合为同一数字空间；信息资源系统、信息服务系统和用户信息系统日益趋向连接于同一网络空间；一种基于数字信息资源面向用户信息活动和用户信息系统来组织、集成、嵌入数字信息空间的聚合化信息服务环境正在形成。这使得信息资源的物理存在与逻辑存在不再相互制约、不可分割，使信息资源、信息服务、信息用户及其信息活动都聚合于同一数字空间中成为可能。

（六）信息提供自主性

自主信息服务的实质是服务的主动性，即在没有用户干预的情况下，数字图书馆信息服务系统就能自动按照用户的信息需求提供相应的服务。该系统能够借助于智能代理（Agent）技术、信息推送技术等实现知识信息产品的主动推送。具体地说，该服务模式下的数字图书馆信息服务系统能够主动分析、预测用户需求，主动搜集、加工、处理信息，主动挖掘知识，主动人机交互，主动发布推送信息。

（七）信息利用自助性

未来的数字图书馆信息服务模式把数字图书馆信息服务系统嵌入用户工作与信息利用环境中，数字图书馆服务系统与用户系统有机地融合于一体，支持用户在信息利用过程中对数字信息对象的主动灵活处理、知识提炼和协作交流，从而更直接、深入、有效地支持用户自助利用信息来解决现实问题。在这一模式中，信息用户的主动性强、参与程度高，服务策略和服务内容的针对性强，用户的一切信息利用活动和问题的解决都是在服务者搭建并嵌入用户工作信息环境中的数字图书馆信息服务系统平台上自助进行。服务人员主要以数字图书馆信息资源管理、信息产品开发与服务平台的建设、维护和提供为任务，给用户提供解决问题的工具、策略、方法，控制与引导用户的信息活动。

（八）服务体系集成化

未来的数字图书馆服务体系是一种集成化服务体系，集成化服务体系，即对信息技术、信息资源、服务功能、服务人员、服务机构等各种信息服务要素进行融合集成，实现整体功能的优化，使用户得到动态的并在时间和空间上一致的面向问题的全方位、多层次、多元化的信息服务，从而构建一个高效能综合化的信息集成化服务体系。实施信息集成服务体系是以信息服务内容与产品的集成为目标，以功能的集成作为结构，以平台的集成作为技术基础，以人的集成作为根本保证，最终形成统一的检索平台、一次性用户认证、不同系统之间的无缝链接和完善的集成化数字图书馆信息服务综合平台体系。

（九）信息资源分布式

数字图书馆的服务模式必须充分考虑网络环境下信息资源的分布特征和信息用户需求的特点，以分布式多样化数字信息资源的互操作和整合为出发点，打破了原部门之间的严重分离，全面支持分布异构信息的检索与获取，强调对信息资源进行规范利用与管理，从而充分发挥数字图书馆在分布式的数字信息资源环境中的优势，为用户提供全方位、多层面、多角度、深层次、个性化的信息产品与服务。

第二节 网络环境下信息服务模式

随着现代信息技术的发展，图书馆的发展也日新月异，图书馆的信息服务已由传统的手工服务模式向网络在线服务模式转化；传统的纸质信息收藏逐渐向数字化信息收藏转化。图书馆的核心功能——信息的收藏、开发及利用，通过用户的需求，以及工作人员对信息的获取和处理过程获得了很大的发展。数字图书馆由于广泛利用网络技术，对传统的信息服务产生了巨大的冲击，读者可以直接利用校园网访问搜索引擎和数据库，而不必在特定的时间或特定的地点利用图书馆，这在很大程度上促使图书馆信息服务不断地向前发展。

一、图书馆信息服务的发展根源

（一）信息资源收藏的发展

信息工作是信息使用者的得力助手，传统图书馆提供的纸质资源已远远满足不了用户多样化的信息需求，随着科技进步与社会的发展，用户获取信息的方式发生了很大的变化，利用计算机网络获取资源成为用户获取资源的最主要方式。Internet可以为用户提供几乎无所不包的信息，网络信息资源种类繁多，覆盖了不同学科、不同领域、不同地域、不同语言的信息资源，包括：电子期刊，图书的电子文本；论文的抽印本，技术报告；法律文件，判例，政府出版物；数值数据，统计信息，实验数据；软件；图像数据，声音数据；数据库，等等。网络信息资源在数量、形态、分布、传播范围、传递速度等方面都有着与传统信息不同的特点。然而由于网络及其信息的产生、传播和管理的无序性，使用户很难从海量信息中获得所需信息。图书馆的职责就是利用服务手段按用户的要求从信息海洋中提取特定信息，把分布无序、参差不齐的网络信息资源重新进行整理和加工，为用户提供高效和深入的信息服务。正是由于用户对图书信息需求的日益增加，通过图书馆工作人员研究用户的需求以及对信息的获取和处理过程，促使信息资源收藏不断发展。

（二）传统图书馆面临的内外压力

传统的图书馆信息服务仅围绕本馆藏书而开展，读者服务工作的范围和水平受制于藏书的布局和规模，形成了"收藏为主"的传统图书馆读者服务模式，方式较为单一。随着现代信息技术的发展，来自校内外的压力促使信息服务改革。信息时代读者对知识的渴求十分强烈，加之知识的创新与重组，使学科高度综合、知识高度密集，读者更需要经过浓缩的、综合的、方便适用的复合型知识；而知识的创新使学科林立的知识体系更加庞大与复杂，任何人都只能在某一领域或几个相关领域求得发展。因而，各个个性鲜明的针对性读者需求，又综合成图书馆读者整体需求上的广泛性，再加上社会上的信息咨询机构对图书馆信息服务的冲击，就促使图书馆人不得不思考未来的信息服务工作，尽管有的图书馆人已经意识到信息工作的日趋复杂化，但还没真正意识到网络环境所带来的对图书馆的巨大影响，没意识到图书馆的传统服务已远远不能满足读者的信息需求。

（三）远程交流是必然趋势

信息时代，数字通信将促使全球化的信息革命，行政和地理的界线阻挡不了远程的信息交流。现在多数大学都在改革教学方法，尝试利用网络远程教学来完成教学任务。远程交流是一个虚拟论坛，为教师与学生、学生与学生之间提供了一个基于网络的、异地进行交流的场所。学生可以利用业余时间浏览教学课件，并可实现实时多点同步语音交流；可以通过互联网和线上人员进行公开讨论和私下交流，自由发表自己的见解。由于远程教学的发展，要求图书馆馆员具有与新教法相适应的技能，诸如，用虚拟信息服务传授技能，管理电子流程的经验，以及具备在线介绍图书馆馆藏资源和信息服务的能力，只有这样图书馆才能更好地满足读者的信息需求。

二、数字图书馆及其信息环境

数字图书馆的研究开发，是随着国际互联网的发展和普及而兴起的，大致开始于上世纪90年代初，起初不是由图书情报界人士首倡，但是由于图书馆是社会信息资源无可替代的集散地，因此数字图书馆成为图书馆界的一项开创性工作。数字图书馆的出现是传统图书馆跨入现代化大门的标志,它使传统图书馆的信息服务产生了质的飞跃,但这并不意味着传统图书馆即将和我们告别。数字图书馆一头紧靠 Internet 网,一头紧靠传统图书馆,它是传统图书馆的网上分身。所谓图书馆的数字化实际上是指计算机管理图书馆的网络化,它涉及图书馆本身结构的数字化以及管理程序、信息传递过程的数字化。由于计算机处理信息的特点就是数字化,所以图书馆如果要有效地利用计算机为它工作,就必须在由计算机取代的每一个工作环节实现数字化。图书馆数字化发展到一定的程度才能造就数字图书馆。与传统图书馆相比,数字图书馆主要有以下几个特征:

(一)文献信息载体的活化

信息有其各类载体,按载体功能不同可分表达内容的载体如语言、文字、声音、图像,保存内容的载体如纸张、磁盘以及传输载体如声、光、电等。图书馆的文献载体多元化体现了物质世界和精神世界的多样化。载体多元化给图书馆的文献信息管理和传递带来了一定难度,而数字化却为之开辟了一条处理一体化的渠道。无论何种载体,印刷型的文本还是声像资料,在电脑的硬盘中一律化为二进制的数字代码,如果没有后缀作为标识名就无法辨其原型。图书馆是信息产业的一个子系统,数字化给信息系统注入的新鲜血液必然会流入图书馆领域。与其说数字化是现代图书馆的标志,不如说它是现代信息社会的标志。图书馆作为社会上层建筑,其形态完全取决于其赖以存在的社会形态。图书馆的数字化是信息社会数字化的必然结果。数字图书馆不会孤立存在,数字化以后,任何可数字化的对象都会加入"影子部队",成为数字平台上的社会群体。社会群体一旦数字化,便固化于磁盘介质,不受原来形体束缚,当它释入全流动的电磁全息空间便驰骋自如,有了 INTERNET 网,"天堑变通途"。水和冰的物质结构并无区别,但它们的存在形态发生了根本变化。同样,数字化实现了信息存在形态的根本变化。数字化后信息载体被激活,它使文字会走路,在网上你可在瞬间获得一份需要的资料;它使文字会说话,只要点击"热点文字",便可在网页间、网站间跳转,看录像,听音乐,无所不能;它还使文字能"干活"——计算机的各类应用软件的文本就是这种"干活"文字的集合。

(二)馆藏结构和管理逻辑化

所谓馆藏结构的逻辑化就是馆藏的有序化,逻辑是信息的序链,不同的序对应于不同的逻辑规则,不同的逻辑对应于不同的检索途径。数字化图书馆是通过数字化实现馆藏的逻辑空间向物理空间的映射,物理规则的抽象化就是虚拟空间的逻辑化。数字化是按照严格的逻辑有条不紊进行的,信息的形式转变是沿着逻辑线路进行的,有了严密的逻辑，信息才能有还原原形的归路。数字化后的信息最终还要以其本来面貌和用户见面。数字化首先必须经过逻辑处理把各种逻辑关系化为数字逻辑，即由文字型逻辑转化为数字型逻辑，采用与门、或门、非门等数字逻辑电路让信息运动起来。离开逻辑，数字化便寸步难行。逻辑反映了图书馆文献信息字段以及所有功能的内在联系，而数字是计算机的逻辑语言，虚拟空间的形成意味着文献信息高度的逻辑化。

（三）全双工的信息传递模式

尽管网上浏览阅读文献和观看电视在表面上几乎一样，但毕竟有所不同。其本质区别在于前者采用了全双工的信息传递模式（客户、服务、对等或混合模式），而后者只是一种半双工的单向传递模式。由于采用了全双工的通讯模式，人机、机机才有对话功能，实现了物理图书馆的虚拟仿真，在网上向读者进行开放式服务。虚拟图书馆和传统图书馆的形影关系说明了虚和实的辩证统一，虚源于实，而贵在真。虚拟不同虚构，仿真才是根本，实是动静的结合，虚是实的仿真，如果说数字化实现了图书馆的形影分离，空间转移，那么基于数字化的全双工通信模式实现了动静的虚拟结合，所以说全双工的信息传递模式是数字化图书馆不可缺少的特征，其数字化程度和水平远远超出了一般器械（如数码相机）的数字化程度和水平。形影分离便于信息重组、剪辑、复制和共享，使万人异地同读一书成为可能，存取单元细化，联机脱机浏览方便，而全双工模式使影子变活，善解人意，响应及时，从 Gopher 到 www 各种数字图书馆访问应用软件无不采纳全双工的通信模式，使人机互动的操作界面尽臻完善。人们访问数字图书馆不仅有"身临其境"之感，而且"虚出于实，而胜于实"，读者得到了从物理图书馆所不能得到的方便。这是传统图书馆与之不能媲美之处。

（四）高度抽象化的语言

数字化图书馆使用了二进制的数字语言，具有最大的兼容性。它不仅是各类语言、各种代码的结点也是各类模拟信号的结点，这种语言便于通讯联络方式一元化。电报采用时值编码较大程度依赖于人工干预，移植性较差。电话则纯属信号模拟，而各种信号经电脑数字化后便九九归一，完成了语言的大同，由于代码解释技术的突破以及数模转换硬件的发明，数字化语言得到了广泛应用，它既摆脱了人类形象思维的拐杖，也摆脱了模拟信号难以运算的局限，它集表达与运算为一体，赋予了电脑智能。

三、数字图书馆信息服务的特点

数字图书馆信息服务是一种高效的网络化、数字化信息服务，是现代图书馆信息服务的高级形式，它从服务内容、载体形式、服务模式、服务策略与方式等诸多方面都具有区别于传统图书馆信息服务的特点。

（一）服务资源的数字化、虚拟化

信息服务资源数字化，即指信息以计算机可读形式存贮；信息服务资源虚拟化，是指信息资源表现出来的只有使用权而无所有权非占有性。

（二）服务功能一体化

对用户而言，最理想的信息服务是能够集参考咨询功能、信息检索功能和信息提供功能于一体。数字图书馆信息服务具有这一特点，它能提供最直观和最直接的全文信息浏览、数据文件下载、信息传递和数字参考咨询，以及信息发送、网页制作等网络化数字信息服务。

（三）信息存取网络化、自由化

互联网彻底改变了传统的信息提供和获取方式，将分散于不同载体、不同地理位置的信息资源以数字方式存贮，通过通信网络相互连接，提供即时利用，实现了信息存取的网络化。在数字图书馆系统中，大量经过整合的数字化信息资源可以不受时间和空间的限制，在开放的空间里自由传递。

（四）资源利用高度共享化

以数字化资源为基础，以网络技术为手段，实现跨越时空的资源共建共享，是人类实现共知共享全球信息的崇高理想。数字图书馆时代的资源共享打破了传统图书馆之间的固有限制，使众多的图书馆能够借助网络获取自身无法具备的数字信息。同时也能够将自身拥有的数字信息提供给网络共享用户共享，从而可以尽可能地避免资源重复建设，极大地拓展信息资源的拥有量，最终使整个社会的信息获知能力得以提高。

（五）服务环境的开放化

在网络出现以前，图书馆建筑实体的围墙实际上界定了图书馆信息服务工作的范围。图书馆之间的交流，图书馆与社会信息界的交流，长期处于停滞、半停滞状态。在数字图书馆时代，信息服务环境从封闭式实体馆舍转变到开放式数字空间，计算机网络将数字图书馆置身于广阔的信息空间里，最大限度地拓展了图书馆信息交流与服务的空间，图书馆真正进入一个共建、共知、共享、共发展的新阶段。

（六）信息检索智能化

数字图书馆的检索技术不是采用传统图书馆中惯用的关键词及其逻辑组合的方法，而是通过智能式人机交互方式来检索信息。以知识为基础的智能检索方法，是数字图书馆在信息检索方法上的重大变革。读者可以通过自然语言，不断地与系统进行交互，逐步缩小搜索目标，获取自己所需的信息。

四、数字图书馆信息服务的理念

（一）树立信息服务的创新理念

信息服务意味着不断改进知识和永无穷尽知识的利用过程。图书馆应该在认识和组织服务的观念上树立新的"信息服务"理念，针对人们的需要将信息提炼，为用户提供主动、高层次的服务，提供独特的信息产品，解决他们不能解决的问题，以适应社会对知识信息需求的全方位与综合化的特点，图书馆应提供以人为本的信息服务，不断改变其策略、组织结构和信息服务重点，不断满足用户新的信息服务方面的需求。

（二）建立信息服务所需要的信息资源库

由于网络所带来的开发式信息环境，大大扩展了图书馆的服务空间和影响。图书馆已经成为网络环境中不可忽视的重要成员。图书馆的工作重点之一不再是以保护馆藏为主，而是通过网络充分揭示图书馆的馆藏资源，不断调整服务方式和策略，根据用户需求的变化，不断加大与用户的对话和交流，开发个性化、专业化知识库，开发用户所需的信息资源库不断满足用户的信息需求。

（三）利用现代化的管理手段，开展有特色的服务

图书馆应不断寻求新的支持信息服务的技术机制，不断提升图书馆的竞争优势，为图书馆的创新服务提供物质基础。在知识管理时代，用户也希望以最快速度获得可直接利用的信息产品，从而要求图书馆开发特色资源，强化特色服务。所以，图书馆应利用智能化的服务手段，对蕴藏于大量显性信息中的信息内容进行提炼、比较、挖掘、分析、概括、判断和推论，向具有不同信息需求的用户提供因人而异的、有针对的特色信息服务。

五、数字图书馆信息服务的理念

信息服务理念是开展信息服务工作，确定服务策略、方式与模式的思想准绳和理论

基础，是信息服务的灵魂。要做好信息服务工作，首先必须解决好信息服务理念的问题。数字图书馆信息服务必须创新自己的服务理念以适应新形势的变化来指导其服务实践。

（一）以知识为服务内容

数字图书馆本质上是一种面向用户的网络化数字知识资源体系，它不再是向用户提供零散、杂乱的信息或信息线索，而是向用户提供所需的系统化的有序的知识或者说知识体系，工作重点从文献单元转移到知识单元，强调信息资源的开发利用与增值。数字图书馆信息服务的价值主要体现在其为社会经济发展提供服务的知识含量上，而非简单的信息数量。用户利用数字图书馆所关注的是能否从繁杂的信息资源中捕获到生活、学习解决现实问题所需的知识，将这些知识融化和重组为相应的问题解决方案，并将这些知识固化在新的产品、服务或管理机制中。数字图书馆的知识服务将会促进信息、知识的传播、利用及再生产，使用户掌握知识并使之创新转化为技术，成为作用于社会经济发展的生产力，这才是数字图书馆信息服务的价值体现。

（二）以用户需求为中心

以用户满意为目标，从满足用户需求到增进用户利益、超越用户期望，数字图书馆信息服务是满足用户生活、学习和解决现实问题的信息知识需求活动，数字图书馆的一切服务要以用户的需求为出发点，以用户满意为目标。从现实情况看，用户的需求与用户的利益并非总是一致的。满足了用户的需求，并不等于维护了用户的利益。我们必须处理好用户需求与用户利益之间的关系，不应只是单纯满足用户的需求或欲望，更重要的是为了增进用户的利益。同时，我们还要在满足用户的基本需求增进用户利益的前提下，超越用户"期望"，使用户感到满意和惊喜。

（三）面向问题、跟踪用户活动

充分发挥用户与服务人员双向互动作用。数字图书馆的信息服务是一种以科学为依据，以知识为基础，综合利用现代科学技术和方法，为解决用户所面临的各类现实问题而进行的一系列智力活动。帮助用户解决手头的现实问题是数字图书馆信息服务的目标。因此数字图书馆信息服务的一切工作都必须面向用户的问题，全程跟踪用户的信息活动，充分发挥用户与服务人员双向互动性，直到用户问题的最终解决。数字图书馆信息服务将服务融入用户活动之中，根据用户的要求来动态地和连续地组织知识和提供服务，服务贯穿于用户信息知识需求、接受、决策与问题解决的全过程，这是一个用户与服务人员互动的过程。

（四）服务应该做到个性化

给用户提供全方位的信息是不可能的，独特的个性化信息服务才是每一个数字图书馆生存和发展的关键。数字图书馆应该基于信息用户的信息使用行为、习惯、偏好、特点及用户特定的需求，来向用户提供满足其个性化需求的信息、知识内容和系统功能。数字图书馆个性化信息服务首先是一种能够满足数字图书馆用户的个体信息需求的服务；其次是一种培养个性、引导需求的服务。它主要包括三个方面的内容：服务时空的个性化、服务方式的个性化、服务内容个性化。

（五）服务管理上引入用户关系管理理念和全面质量管理方法

用户关系管理理念旨在改善数字图书馆与用户之间的关系，其核心思想是将用户关系作为一种重要的资源，通过完善服务未来满足用户需求；将注意力集中于用户发展，以便使潜在用户变成现实用户、现实用户变成忠诚用户；通过满足用户需求，与用户建立长期稳定的关系，从而不断拓展产品或服务的范围。全面质量管理方法是为了达到用户最高满意程度所进行全面的、彻底的内部机构与服务功能重组与改进，建立完善的服务体系，使整个数字图书馆服务体系各项功能和服务过程从规划、组织、协调到控制能够做到系统有序的配合，以形成人人参与和追求高品质服务的组织文化，其目的在于最大限度地满足用户的信息、知识需要。

六、网络环境下图书馆的信息服务模式

图书馆的终极目标是服务，任何规划、决策、目标，都必须以用户为主，满足用户对信息和知识的需要。现代图书馆结合了先进的信息技术、网络技术，使得图书馆服务内容不断扩展，服务方式不断增多，服务功能日益强大。

网络环境下图书馆的服务系统是一个以数字化知识资源为基础、以用户需求为中心、以先进的信息技术为手段的一体化服务平台，构成这个平台的基本服务模式包括信息检索服务模式、参考咨询服务模式、个性化推送服务模式、信息定制服务模式等。随着知识资源的积累、用户需求的翻新、信息技术的提高，还会引入更多的服务模式，每个服务模式都是独立的模块，像积木一样搭在现有的服务平台上，不断扩展整个服务系统，使图书馆发挥最大的作用。

（一）信息检索服务模式

网络环境下图书馆的信息检索服务模式涉及如下关键技术：

1. 结构化信息检索。在当前应用背景中，元数据主要有两种不同的存储方式，即关系数据库方式和 XML 方式，有些以 XML 描述的元数据实际也采用关系数据库系统

来存储。在这两种方式中，数据都具有非常好的结构，可直接利用标准的结构化查询语句进行检索，把用户的查询条件当作不同字段的关键字处理即可。

2. 全文检索。全文检索是指以全文本信息作为检索对象，建立全文数据库，除了具有布尔逻辑检索功能外，还具有文本检索功能，并允许用户以自然语言检索，直接获得原文中的有关章节和句段。这里的重点在于全文索引的建立、自然语言的理解、检索模型的选用。常见的方式是对全文本采用倒排索引，自然语言的理解做到基于词典的分词和词频的统计，检索模型常采用向量空间模型。

3. 异构、异地数据源的检索。异构、异地数据源检索的难点在于资源整合，最终的解决方案一定是资源建设者和资源使用者的通力合作，在这个目标到达之前，中间技术将会起到非常关键的作用。

4. 概念检索。在本体库的基础上，计算机对于文本的理解不再是传统的隔离的字符串，而是一些概念的集合以及概念与概念之间的联系。基于概念的检索从概念层次、知识层次来检索知识网络，可以显著提高信息检索的智能程度，从更高的层次上实现了关联检索。难点在于本体库的建设、基于规则的推理。

5. 多媒体检索。多媒体检索是指对多媒体数据（如视频和音频等）所蕴含的语义进行自动理解，按照用户的查询要求找出内容相似性。难点在于多媒体数据的特征提取。

6. 检索效率的提高、检索结果的分类与排序。目前大多数搜索引擎返回大量信息然后由用户自己进行筛选，但如果通过智能化代理由系统帮助用户完成这种个性化的筛选过程可以提高检索效率。系统可以通过用户的一些背景资料，跟踪用户的行为，以及由一些反馈机制返回的信息得知用户没有在检索信息中表述出来的意图；结合用户个性特征对检索结果进行分类与排序，可以更好地满足用户需求。

信息检索服务涉及各种技术，存在很多难点，在实际建设中我们采取与资源建设同步、不断扩展的方案。

（二）参考咨询服务模式

数字化参考咨询服务模式是指以人力资源为媒介、以因特网为基础而提供的信息服务。主要服务形式包括 HeIP 系统和 FAQ 信息服务、非实时网上参考咨询系统、实时网上参考咨询系统、同步浏览页面的咨询系统。

数字化参考咨询服务的关键技术包括：

1. FAQ 库的建立与管理。FAQ 库是以关系数据库存放常见问题及解答，查询时使用 SQL 语句即可。随着用户不断使用，咨询员可以了解到用户新的问题，从而把新的问题及解答添加到数据库中，来不断充实 FAQ 库。在实现时可以考虑一种自动添加新条目的方式。当用户提出的问题在问题库中不存在时，或者当用户通过非实时咨询平台进行咨询时，系统自动收集这些问题，提供给咨询员，咨询员将问题规范化并解答后，系统自动将该条目保存。

2. 实时参考咨询平台。实时参考咨询平台的功能类似聊天室，不同的是，该聊天室是一对多的模式。从咨询员的管理界面来讲，他应该能及时看到来自不同终端的连接和提问，并进行回答。从用户的界面来讲，他只需要看到自己与管理员之间的对话记录。另外，对于 FAQ 库中存在的问题，直接通过库表的检索得到答案，不存在的问题再提交给咨询员。

3. Co-browsing 技术。Co-Browsing（共同浏览），即图书馆馆员可以和异地用户一起浏览网页，这种功能对于指导用户利用网络资源是很有好处的。如当用户在使用数据库时，图书馆馆员可以把制定好的检索策略提供给用户，并对用户随时进行指导，目前的 Web call center 即是其应用成果之一。

上述各项服务既独立存在又相辅相成，共同组成了数字图书馆参考咨询服务系统模式。

（三）个性化推荐服务模式

个性化推荐服务模式是指使用多种数据分析技术，根据用户兴趣信息向用户及时、主动地推荐用户需要的且以往没有获得的知识资源信息，并能根据用户对推荐内容的反馈进一步改进推荐结果。个性化推荐服务涉及的技术非常广泛，系统实现也比较复杂。这里介绍其中一些关键技术：

1. 用户兴趣建模。通过各种方式收集用户兴趣，如表单、用户访问行为跟踪、用户背景信息获取等，从而建立用户个性描述的模型。

2. 用户兴趣聚类。比较用户间兴趣的异同，计算某一用户与哪些用户具有相似的资源偏好。根据用户兴趣聚类，可以把用户划分成兴趣小组，进行协同推荐。

3. 基于内容过滤。通过抽取用户以往访问的资源的特征组成对用户兴趣的描述，然后比较新资源的特征与用户兴趣是否相同（或相似），如果相同，则把该资源推荐给用户。采用基于内容的过滤的系统，关键是用户建模，识别不同用户的兴趣、目标，从而建立相应的用户兴趣模型。据此向用户提供个性化服务。

4. 协同过滤。不考虑资源具有什么形式的具体内容，仅通过收集到用户对一些资源的评价（一般通过评级打分），比较用户之间的兴趣相似程度（距离），根据他与其他用户之间兴趣的相似程度（距离）和其他用户对资源集合的评价进行资源的推荐和共享。

在向特定一个用户进行推荐时，考虑两个方面：

其一，比较该用户的兴趣信息与哪些资源相匹配，筛选出符合用户兴趣信息的资源（基于内容的过滤）；

其二，把和该用户具有相同兴趣的其他用户对资源的评价也作为推荐结果的一部分。综合这两个方面，对推荐结果地进一步分析，向用户提供预测用户感兴趣度较高且以往用户没有获取的资源信息（协同过滤）。

（四）信息定制服务模式

信息定制服务模式是指用户根据自己专业需求．对图书馆知识资源系统和网络学术资源进行有选择的定制，系统定期检索、下载，并按用户要求以不同方式加以推送。这是对信息检索服务模式的拓展，用户一次性提出检索条件和相关要求，系统根据要求定期的执行用户的检索条件，把检索结果推送给用户。信息定制服务的实质还是信息检索，主要关键技术同前述。但信息定制服务模式更强调以用户为中心，是一种个性化服务方式，尽管在这里并不是主动的信息推送，但是在提供该项服务时，要注意广泛了解用户需求，接受用户的各种意见建议，及时推出新的服务。

七、网络环境下图书馆信息服务模式的拓展

"21世纪是以信息和空间技术支持的全球经济时代，全球信息资源的开发和利用，给我们认识信息资源提供了新的视角。由于信息传递方式的广泛性、多样性，图书馆不得不改变以往信息收集和传递的方式和手段。"网络环境下图书馆信息服务可以推出以下内容：

（一）预约式信息服务模式

传统的图书馆信息服务是反应式的，其缺点是由于时间紧张，反应式服务中给出的答案往往不够完整全面，缺乏深度，有时甚至是错误的。而网络化为改进传统的参考咨询模式、开展预期式信息服务提供了契机，图书馆馆员可先将用户问题集中起来，整理准备，为问题寻找答案，然后向用户反馈。预约式服务的方式有书目指导、信息馆服务和通过新闻媒体的信息服务。这里的信息馆服务指的是由一名参考馆员作为"信息馆"，值班负责搜集用户提问，收集问题，由其他馆员分工负责解决，再由该"信息馆"负责答复用户。

（二）互动式多媒体用户教育

图书馆传统的用户教育方式有图书馆参观、用户个别指导、编制宣传手册等。这种教育方式重复性强，效率低下，而多媒体技术具有直观高效、交互性强等特点。图书馆要充分利用多媒体研制开发多媒体教育课件，开展生动形象的图书馆用户教育。

多媒体用户教育的优点不仅仅在于可为读者提供使用图书馆的相关知识，模拟图书馆环境，方便读者实习，而且可以大大减轻图书馆馆员的负担，使他们有更多的时间和精力从事更高层次的研究和服务。

（三）馆际互借服务模式

在互借过程中，本地图书馆读者可在互联网上检索取得文献及收藏地址，然后通过电子邮件等方式向本地图书馆提出借阅申请，再由本地图书馆完成馆际互借。利用互联网进行馆际互借服务可以实现信息库的优化和最大化，节省馆际互借成本，节省读者时间。

（四）学习服务模式

信息技术环境下，作为信息资源中心的图书馆在用户的学习过程中必将发挥更为重要的作用。欧美的图书馆不仅提供学习服务，而且提供远程教育服务和终身教育服务。如何在深化学习服务的同时，拓展远程教育服务和终身教育服务，是我国图书馆学习服务的发展方向。

为实现网络环境下图书馆信息服务模式的拓展，在信息资源的建设上，要注重开发网络信息服务新模式，构建以用户为中心的个性化服务体系，并着力拓展网上信息资源引导服务。

第一，开发网络信息服务新模式。信息时代，构建服务主导型的数字图书馆是一项紧迫而艰巨的系统工程，为实现信息服务质的飞跃，传统图书馆必须打破过去的"信息孤岛"状态，走馆际信息服务协作道路。信息时代知识不断推陈出新，更新换代，"面对浩瀚的知识海洋，没有一个图书馆可以把某个专业的信息资源收藏齐全，单一机构文献咨询和人力资源的局限性很大程度上会影响咨询服务的开展及质量保证。因此，只有走合作化的道路，实现信息资源、人力资源以及服务共享，才能满足用户多样化的需求，同时实现全天候的参考咨询服务"。走馆际信息服务协作道路的目的是实现资源共享，实现信息利用和服务效率的最大化。鉴于此，图书馆间成立数字化参考咨询服务中心应该是走馆际联合、资源共享、打破地域限制的最为便捷高效的方式。这种全方位、多层次优势互补的网络信息服务新模式无疑是应对信息时代教育挑战所必需的。

第二，构建以用户为中心的个性化服务体系。"个性化信息服务是一种'以用户为中心'、培养个性、引导需求的服务模式"，这个概念包括三个含义：服务时空的个性化、服务方式的个性化和服务内容的个性化。所谓服务时空的个性化指的是"突破传统的时间和空间限制，利用互联网技术，使读者能在其希望的时间和希望的地点得到服务"；所谓的服务方式的个性化指的是"根据读者的个人爱好、习惯和特点来提供更具特色的服务，将'图书馆提供什么，读者就接受什么'的传统服务方式转变为'读者需要什么，图书馆就提供什么'的新的服务方式"；所谓的服务内容的个性化指的是"读者可以根据自己的需求选择自己需要的服务，图书馆所能提供的服务不再是千篇一律、不具针对性，而是各取所需各得其所"。

以用户为中心的个性化服务模式应该包括信息推荐服务、个性化信息呼叫中心服务、数据跟踪服务和网络智能知识服务。其中信息推荐服务是根据用户对信息的需求，在指定的时间内将资源库中的信息及时通知给用户。这种服务方式是利用推送技术来实现的。"推送技术是一种信息发送技术，实质上是网络公司通过一定的技术标准或协议从网上的信息源获取信息，再通过一个固定的频道向用户发布信息的技术。"信息推荐服务是一种网络化的定题情报检索（SDI），利用这种技术，用户可以根据自己的信息需求，定制图书馆信息资源，并自我进行图书馆管理——创建个人的 Web 页面，收集并组织所需的资源及链接，从而拥有个人的基于 Web 平台的 my library。

个性化信息呼叫中心服务系统是"一种基于 CTI（计算机电话集成）技术和充分利用通信网和计算机网的多功能集成，并与企业连成一体的综合信息咨询服务系统。集电话、传真机、计算机等通信、办公设备于一体的交互式增值业务系统，既包括普通的人工座席，又包括一些自动语音设备、语音信箱等成员。这些成员通过网络实现相互间的通信，并共享网络上的资源。图书馆个性化呼叫服务中心的建立，可以有效改善图书馆服务的时空限制，实现全天候的信息咨询和导航服务，完成相应的业务处理。

数据跟踪服务指的是根据信息用户一段时间内的检索、下载记录，获取其在某一时间段的信息需求，建立用户模型，主动提供有针对性的个性化服务。其运行模式得益于 Amazon, com 和 eBay 等根据用户过去的交易记录进行网络电子商务服务的启发。其优点是变被动服务为主动服务，针对性强，同时要求开发出高性能的网络智能系统。

网络智能知识服务系统"是一个在网络环境下采用人工智能信息处理技术，又从知识本身的特点出发，采取符合知识实际特性的资源采集、加工、存储和服务等方案进行服务的综合系统"。这种系统的开发是基于人们对信息搜索过程的认识的。研究发现，信息搜寻一般是由一个相对模糊的过程，或者说是一个由模糊逐渐到精确的过程，用户需要通过与检索系统进行动态交互来逐渐形成合理判断，实现搜索目标。信息时代的图书馆面临的一个重要优势就是网络信息资源浩繁，这也造成了一个矛盾，即知识贮存与有效获取之间的矛盾。网络智能知识服务系统的开发正是针对这一矛盾的。该系统由知识采集系统、智能知识处理系统、智能知识服务系统和知识库四部分组成，采用各种智能处理技术，使各部分功能自动高效运行，尽量取代繁复低效的人工参与。

第三，拓展网上信息资源引导服务。网上信息资源引导服务主要包括网络常用资源导航和学科分类导航。前者指的是几种主要的链接服务，即与各种电子期刊的链接；与国内外大型图书馆网站、著名学术机构的链接；与相关学科网站、网上书店、文献提供机构，乃至相关博客、论坛的链接；以及主要搜索引擎的设置等。后者指按学科和专业或专业进行的导航服务，主要涉及对数据资源进行搜索、分类，并组织到图书馆的网站中。今年的发展趋势表明，学科分类导航已成为高校图书馆网络建设的重要内容之一。科学的学科分类导航能使信息用户以快捷的速度搜索出有价值的学术资源，了解本领域国内、国际研究动态和发展趋势，把握知识更新的最前沿，发挥大学的学术心脏作用。

拓展网络环境下图书馆的信息服务，图书馆除了要加强信息资源的硬件和软件建设，还要加强自身的软环境建设。前者会涉及诸如法律问题、技术问题、资金问题等的制约，后者主要涉及图书馆人员素质提高的问题。为提高图书馆信息服务质量，高校图书馆必须更新信息服务理念，培养创新服务的观念，建设高素质的信息服务队伍，构建信息咨询工作的保障体系，培养用户的信息意识。

网络环境给图书馆的发展带来了机遇，也带来了挑战。图书馆只有抓住机遇，改革传统的服务模式，充分开发信息资源，利用先进的信息手段把信息传递给读者，最大限度地满足读者的信息需要，才能有效实现信息服务项目的拓展。

八、图书馆信息服务的产业化

这里叙述的是图书馆信息服务产业化的若干基本问题。强调现代技术的发展是基础，信息市场的建立健全是关键，图书馆网络是坚实后盾，立法是保证，应采用灵活多样的服务方式和营销手段，需要建立一支结构合理的人员队伍。

图书馆信息服务，是指图书馆利用自己生产的信息商品、拥有的信息商品或信息设备，在特定的时间内满足不同用户的信息服务需求的活动。传统的图书馆信息服务不仅范围窄，而且绝大部分是免费的。因为长期以来，图书馆的各项经费全部由政府调拨，图书馆的资源配置也实行计划经济管理，人们都认为，图书馆无偿的信息服务是理所应当。如今，随着改革开放和市场经济的蓬勃发展，这种观念受到巨大的冲击。

图书馆面临这一冲击，不仅不能退缩，而且更要迎难而上，应逐步建立起以信息服务为主，不断拓宽服务领域，无偿服务与有偿服务相结合，大力兴办第三产业，积极开展多种经营活动的富有竞争机制的发展模式，才是图书馆事业的发展出路。虽然目前不少图书馆开展了一些专题服务、跟踪服务，向社会传递信息，解决了一些生产、科研难题，为社会做出了一定的贡献，但这种服务和图书馆所能发挥的作用相比只是初级的，还没有形成一定的规模，还不够专业化、现代化。图书馆应尽快摆脱封闭僵硬的管理体制和服务方式，适应社会发展需要，走信息服务产业化道路。

（一）现代技术的发展是图书馆信息服务产业化的基础

信息技术是信息产业的先导，技术是生产之母，信息部门离不开技术的支撑；技术又是服务之本，信息服务业只有依靠现代信息技术手段，才能提供优质高效的服务。图书馆信息服务可以追溯到很早以前，但提出产业化并没有多久。传统手工操作的信息服务工作很难达到产业化的规模，只有采用现代化技术才能实现信息服务工作的产业化。主要包括：

1. 计算机技术。计算机的使用使信息服务发生根本性的变化，它存贮量大，处理速度快，输出形式多样，能够实现图书情报部门的整体自动化和局部自动化控制。

2. 现代通信技术。包括电话通信、电报通信、电缆通信、光导纤维通信、激光通信、卫星通信及其他通信设施。通信技术的应用可实现联机检索和网络化，使远距离获得信息成为可能，真正达到资源共享。

3. 光学技术。主要有高密度激光存贮、全息缩微存贮、复制等。

4. 视听资讯技术。包括唱片、幻灯片、录音带、录像带、电影、电视等。

5. 多媒体技术。多媒体技术的应用，使图书馆信息服务更上一个台阶，大大拓宽了服务范围，丰富了服务内容。

（二）建立健全信息市场是图书馆信息服务产业化的关键

市场是决定经济发展和资源配置的公正裁判，正是市场的作用促进信息服务快速发展。市场是生产的起点，没有需求就不应生产，得到准确的市场需求及其变化的信息，并据此做出正确的决策，谁就能在市场竞争中占优势。信息市场既是产品市场，又是生产要素市场；既可表现为有形市场，又因其隐含性成为无形市场，这种双重性正是信息市场所独具的特性，并决定了信息、市场的既高于其他市场，又融于其他市场的特点。信息市场是否完善、是否健全直接影响着信息产品的生产和销售。因此，图书馆信息服务要走向产业化，就应当建立一个管理有序的信息市场，对此主要应从以下几方面着手：

1. 尽快改变传统的头绪繁多的管理体制，对信息市场实行统一管理

国家应从宏观上对信息市场的发展予以指导，制定一些优惠鼓励政策，如实行减免税收、提供各种优惠和津贴等。在政策指导的基础上，实施必要的法律监督，从而保障信息市场的健康发展。

2. 充分发挥价值规律的作用，建立产、供、销一体化的运行机制

遵从价值规律，对生产和经营进行调节是市场经济的根本所在，信息产品的生产营销也不例外。因此，图书馆信息服务要走向产业化，就必须密切关注市场需求动态，开辟各种渠道反馈信息，尽量缩短信息产品的生产周期。

3. 充分利用图书馆的读者群积极发展用户，扩大市场

长期以来，图书馆丰富的文献信息资源吸引了社会各界人士，逐渐形成了一个读者群。随着社会的发展与需求的增长，这个读者群逐渐演变成一个天然信息用户群。这些信息用户可按行业、职业、专业及文化水平分门别类而形成许多用户群。这些信息用户既是图书馆信息服务的上帝，亦可以成为各种信息的提供者。图书馆一方面应发挥自己的优势竭诚为这些用户提供服务，另一方面应利用这些用户广开信息渠道，扩大信息市场。图书馆要利用这些用户一传十、十传百地发展更多的用户。信息服务的最终目的就是信息产品要被用户利用，因此拥有了用户就拥有了市场。

（三）立法是图书馆信息服务走向产业化的保证

目前，图书馆信息服务还存在亟待解决的问题，如有关图书馆信息服务的成本和上市信息产品的价格的确定；有关图书馆信息服务产业的启动资金来源；税收问题；有关图书馆界信息服务实体之间的合作、协调；图书馆界信息产业合资、合作发展等。在信息服务迅猛发展的今天，我国尚没有一部保护和促进信息市场公平交易的主体法，因此必须建立和完善各种信息法规，以法律手段对图书馆信息服务进行调控和必要的监督，使信息产品的经营有法可依，有章可循。

（四）图书馆网络是图书馆信息服务产业化的坚实后盾

在信息大爆炸的当今社会，图书馆信息服务的产业化仅靠一个馆或几个馆的力量是难以应付的。因为：

1. 无论是哪个图书馆，即使文献信息资源量再大，但相对于整个社会信息量来说是有限的，其文献信息资源难以满足用户的需求。

2. 信息产品的生产、销售要形成一定的规模，即产业化程度，仅靠一个馆的力量还难以满足广大的市场需求。而现代技术如计算机技术、远程通信技术以及多媒体等新技术的应用，使分散的图书馆连成一体，为图书馆形成紧密合作的网络提供了技术条件。传统的图书馆网络是指同一地区或同一类型（系统）的图书馆以某种无形的方式（如年会、研讨会等）组织起来开展某种协作或协调活动（如馆际互借、编制联合目录等）而形成的纵横交错、结构松散的协作体系。这种传统网络的共同特点是单一行政组织网络。现代图书馆网络与传统图书馆网络的根本区别就是它建立在广泛使用现代化信息技术手段基础上，是组织网络与计算机通信网络相结合的复合网络。它是广泛使用计算机通信技术和信息处理技术之后，实现远程通信和资源共享而形成的有形的、组织结构紧密的图书馆之间的计算机通信网络。

目前大多数图书馆信息服务所依赖的还只是传统的图书馆网络，随着"信息高速

公路"等的兴建,现代图书馆网络将为图书馆信息服务提供充足的信息资源。此外,图书馆在全国各地均有分布,应该充分利用这一优势,使松散分布的图书馆团结起来,形成一个整体,积极开展信息服务的合作经营。这样不仅能扩大信息服务的范围,而且能提高信息服务的质量和功效。

(五)图书馆信息服务走产业化道路,应采用多种服务方式和营销手段

许多图书馆开动脑筋,开展了多种信息服务,如文献检索、编译、知识讲座、办培训班、文献复制、视听服务等,但这些信息服务还远远不能满足用户的需求,图书馆还应从更深层次、多途径地挖掘信息资源,提供服务。比如:

1.编制各类信息资料。编制题录、剪报、资料汇编、文摘等。关键是信息要准,要及时,编印资料要快,选题要有针对性。这就要求信息采编人员要充分调查用户需求,瞄准市场动态。

2.加快数据库建设,积极开展机检服务。要扩大宣传,使更多的用户能充分利用计算机等现代化设备更方便迅速地查询所需信息。

3.与通信部门联合,拓宽服务领域。图书馆可与通信部门联合,提供信息资源,由通信部门提供通信手段,拓宽信息交流渠道,使图书馆信息服务深入千家万户。

4.扩大咨询范围,采用多种咨询方式。咨询服务在图书馆信息服务中是历史较悠久的,但以往的咨询服务范围较窄,方式单一。为提高咨询服务质量,吸引更多的用户,必须扩大咨询范围,内容可包括政策咨询、法律法规咨询、管理咨询、市场商情咨询、技术咨询,对有关贸易、金融、投资、劳务、知识产权、专利、保险等方面的咨询,以及对汇率、股票行情、投资方向等动态咨询。方式可有临时咨询、定题咨询和跟踪咨询,馆际之间可开展合作咨询。

5.采用直接或间接方式,向社会提供可供转让和开发的技术项目,或者牵线搭桥,让双方直接洽谈转让项目。

6.主办科技市场、信息市场,召开信息发布会、拍卖会。承接各种产品展览,并以此扩大信息交流,扩大信息机构的影响。

7.组建图书馆经营实体,直接参与市场经营。这是信息服务向产业化方向发展的最终形式。

(六)图书馆信息服务的产业化,需要一支结构合理的人员队伍

图书馆开展信息服务,需要以下几类人才:

1.受过图书情报学方面的专门训练,熟悉和掌握图书情报知识和业务,知识面广,能够对用户咨询提供分析和指导,对文献信息具有开发能力,是图书馆的"智囊团"。

2. 具有一定的商业头脑和管理能力，对经营管理较有经验，能够正确选择经营项目和经营方向，善于生财也善于理财的好"当家"。

3. 要有一定的公关能力和营销能力，沟通图书馆与社会各界的关系，打开市场，吸引用户，促进产品销售的供销队伍。

4. 懂得现代化技术，能熟练运用现代化设备查询信息，提供方便、迅速的信息服务的技术人员。

图书馆信息服务的产业化不是一蹴而就的工作，需要一段时间的摸索和尝试，这是图书馆的发展方向。图书馆要走向未来，走向现代化，在市场经济的社会中处于不败之地，就必须转换图书馆的社会角色，尽快地更好地以文献信息业为手段服务于市场，服务于社会。

九、未来图书馆信息服务的新模式——与商业搜索引擎联姻

在信息通信技术的强有力推动下，我们进入了一个全新的网络时代——Web2.0。人们的信息行为发生了很大的变化，更加关注快速、有效、便利的共享信息。正如维基百科所显示的，在这个时代中，人们获取信息的首选是网络、搜索引擎，而谷歌是其中最受欢迎的。当学术谷歌如火如荼的发展之时，谷歌又风风火火地开展其数字图书馆计划，图书馆界不少人士都对此忧心忡忡，图书馆面对如此强大的竞争对手，将如何去发展？谷歌是否会取代图书馆？图书馆信息服务应该如何定位？联姻——竞合，也许是最好的答案。通过与搜索引擎进行合作，图书馆可以使自己在网络环境可见。

数字图书馆是技术的集成体。在进行数字图书馆的建设时，需要大量的技术投入，但目前的状况是，考虑到大型商业搜索引擎在目前技术研发阶段的不断攀高的技术投资以及图书馆静止抑或是不断下降的科研经费，似乎目前图书馆最为有效的运营方式就是将图书馆馆藏内容与商业搜索引擎紧密连接。

在人们追求梦想中的亚历山大图书馆的过程中，图书馆与商业搜索引擎的合作是一种必然，图书馆应当做的是找好自己的位置，注重人的重要作用，在联姻中更好地发展自己。总之，从这场举世瞩目的联姻中，我们已经看到数字图书馆正向我们策马而来，图书馆必将迎来更加光明的未来。

第三节　数字图书馆个性化服务模式

一、个性化信息服务概述

（一）个性化信息服务的含义

个性化信息服务，应该是能够满足用户的个体信息需求的一种服务。即根据用户提出的明确要求提供信息服务，或通过对用户个性、使用习惯的分析，利用现代信息技术、数字化信息资源，主动地向用户提供的能满足用户个性化信息需要的信息服务。个性化服务包括服务时空的个性化，在用户希望的时间和希望的地点得到信息服务；服务方式的个性化，能根据用户个人爱好或特点来开展服务；服务内容个性化，所提供的服务不再是千篇一律，而是各取所需，各得其所。

个性化信息服务的好处，对于信息的接受方——用户来说，可以更容易地获得根据自身需求特点"定制"的信息资源，增强了图书馆的利用率；对于信息提供方——数字图书馆来说，可以更直接、更科学地了解用户的信息需求与自己提供的信息的冗余和不足，适时地调整自身的服务策略、方案来满足用户的信息需求。

（二）个性化信息服务的主要模式

1. 分类定制服务

分类定制服务是指信息用户可以按照自己的目的和需求，在某一特定的系统功能和服务形式中，自己设定信息的资源类型、表现形式、选取特定的系统功能等。现在基于分类定制的服务仍然是个性化信息服务的主流，包括早期的由新闻剪裁、股票报价、目录推荐等组成的个性化。

2. 信息推送服务

信息推送服务是运用推送（Push）技术实现的一种个性化信息服务。它通过一定的标准和协议，在因特网上按照用户的要求，定期主动地向用户传送需要的信息。其最大的特点就是能实现用户一次输入请求，服务器根据已建立的用户和信息的对应关系，定期地、不断地向用户推送最新的动态信息。推送服务具有一定的智能性，服务器能动态地了解用户的信息需求和兴趣，据此自动建立和更新用户兴趣模型，实时搜集信息资源中读者感兴趣的某领域的信息，主动地向用户推荐其所需要的、新出现的信息资源，并能根据用户的反馈进一步改进推荐策略。目前应用较为广泛的信息推送服务方式是频道推送和邮件推送。前者是通过固定的频道把用户选定的信息数据自动发送给用户。后者是用电子邮件方式将最新的信息以发送"群信息"的方式，主动地将用户感兴趣的或预定的特定信息发送给用户。除此之外，还有网页推送方式和专用式推送方式。

3. 信息帮助检索服务

如何帮助用户进行高效的信息搜索也是当今数字图书馆信息服务向纵深发展的一个重要内容，也就是向用户提供满足各种个性化需求的服务。目前人们更多的是通过研究用户检索行为特点，设计相应的检索智能帮助软件来提供此类服务。通过研究，人们发现信息搜寻是一个不精确的过程，用户在搜索过程中常常不能清晰地表达他们的目的（信息需求），用户的信息需求常常难以转换成准确的提问式。事实上，用户经常需要通过与检索系统动态交互来确定其提问，在交互过程中，形成相关的判断，由此来调整他们的目标。因此，用户是通过搜索过程来不断学习的，不断地调整他们的信息需求。有效的检索系统应该允许用户能多次估价目标，由此调整他们的检索策略，应该在用户提问修改中提供帮助，让用户容易进入搜索系统数据资源的主题领域与内容范围。

4. 智能代理服务

用户在检索信息时，有时很难清楚地知道自己的兴趣爱好和需求或不能确切地表达自己的需求，而分类定制的方法又常常不能适应用户的这种情况。运用智能代理技术就可较好地解决这个问题，它是一种能够模仿人的行为执行一定的任务，不需要或很少需要用户干预和指导的系统。智能代理通过跟踪用户在网上的活动，自动捕捉用户的兴趣和爱好，主动搜索用户感兴趣的信息并提供给用户。

5. 垂直门户服务

垂直门户服务则是通过汇聚网上某一特定专题信息资源并对其进行挖掘及加工，以满足用户基于专业的深入的信息需求。垂直门户的特点在于它对网上的专题信息资源进行集成、识别、筛选、过滤、控制、描述与评论，组织目录式索引提供源站点地址，并带有专业搜索引擎。与综合性门户网站大而全相比，垂直门户力求信息内容做到特定领域内的全面和专深，立足于提供某一领域的精品服务，这种特定服务可以有效地把对某一特定领域感兴趣的用户与其他用户区分开来，更好地满足用户的特定信息需求，从而提供个性化的高质量的信息服务。

二、个性化服务的原理和系统模式

个性化服务的基本思路是：用户在登录图书馆站点后，输入身份认证信息，认证授权系统进行验证后,系统将相应的模式赋予用户,用户也可以调用相近的系统定制模板完善定制。个性分析中心经过信息收集和抽取结合用户 Profile 描述文件,形成用户特色请求,并从知识库中提取有关信息,进行筛选、过滤,获得有用信息送往个性化分析中心,更新用户模型,把结果送给个性化信息调度中心,调度中心再从资源库中提取用户需要的信息,最终返回给用户。用户可以对系统所提供的资源进行相应的浏览和查找,系统会自动针对用户利用系统资源的行为和操作行为进行用户行为监控和用户兴趣的学习。个性化服务系统模型通常包括用户界面、个性化系统 Agent、用户模型、个性化分析中心、个性化信息调度、个性化信息库等。

个性化 Agent 可以代理用户或软件程序收集有用的信息或者跟踪某个感兴趣领域的发展,实现网络信息收集、处理、检索的自动化和网络信息检索服务的个性化。智能代理可以根据用户事先定义的信息检索功能要求,主动地通过智能化代理服务器在网络上为用户搜索最感兴趣的信息,或实时监视网络信息源的变化,如指定 Web 页面的更新、网络新闻、电子邮件、数据库变化等,然后利用代理通信协议把过滤、加工过的信息按时推送给用户,还可以通过学习了解用户的行为、爱好、兴趣,推理出用户以后的潜在需求,并根据用户的评价和反馈调整自己的行为。

用户需求模型又叫用户描述文件,是实现个性化服务的重要部分,可以分成两种:第一,兴趣模型。具体表示为加权矢量模型、类型层次模型、书签和目录结构模型、加权语义网模型等。加权矢量模型是目前个性化服务最常用的用户建模方法,其基本内容包括表示信息内容的向量、当前活动的上下文、当前活动的基于知识的推理形式,以及一个用户关键词集合。其中每一关键词具有一定的权值,用户表征他对该用户的实际重要性,在用户反馈之后,用户模型遵循一定的规则进行关键词的动态插入、修改或删除。第二,行为模型。具体表现为用户浏览模式和访问模式。在实际工作中,基于兴趣和基于行为的两种模型应综合使用。可以在获得用户原始定制需求内容的基础上,运用机器学习和数据挖掘的算法,从用户的浏览行为数据中,挖掘用户的行为模式,建立个性化用户模型。在得到用户反馈的更精确的信息后,不断调整用户兴趣的权重或兴趣层次结构,对现有用户模型进行更新和完善。需要注意的是,不同的系统对应于不同的反馈过程,在更新过程中,需要根据系统的实际情况设计相应的函数和概念层次。

个性化分析处理中心根据用户模型送来的数据,结合用户个性数据库进行个性分析,将用户模型的值和用户信息匹配,产生对用户模型的描述结果,用户更新用户个性数据库,并利用个性数据库中的数据产生相应的用户需求的结果集,送往个性化调度中心,用户从资源库中取得用户需要的资源。其中,对于数据进行个性化分析的过程,不同的资源、不同的用户有不同的分析处理算法,在设计时,需要考虑可能涉及的数字资源、用户的类型以及资源的内容所属的领域，个性分析中心的处理是整个数字图书馆个性化服务模型的另一个重要问题。

个性化信息调度的目的是把用户最需要的信息推送给他，在这个过程中，信息处理过程是透明的。知识库有用户库与资源库两种类型。在资料库中包含着各种类型的数据，如用户信息、借阅统计、用户模型参数等。资源库群包括各种媒体信息，数据量巨大。在个性化服务系统中，用户库和资源库群相连，使用户兴趣信息与数字调度实现无缝连接。

三、开展个性化服务的必要性

特定的图书馆服务模式与那个时代特定的服务观念、技术条件、信息需求和竞争环境相联系。图书馆服务只有跟上时代的步伐，与时代同步，才能发挥其社会价值，赢得用户的尊重和生存发展的广泛社会基础。个性化服务正是这样一种服务，虽然就"个性化"本身的含义来讲，个性化服务并非新技术的专利，在传统图书馆早就存在，但是受制于诸多方面的因素，传统图书馆的个性化服务不可能像现在这样受到欢迎、受到关注、得到支持。因为，现代技术条件下数字图书馆的个性化服务符合当今社会的信息需求，满足了用户和社会经济发展对信息服务的渴望。

（一）个性化服务有利于集中体现数字图书馆的人本观念

图书馆的价值是通过服务于社会与人来实现的，图书馆在服务过程中所形成的服务理念，是直接影响图书馆服务对象对信息资源的需求能否满足的关键。在阮冈纳赞提出的图书馆学"五定津"中就深刻反映了对图书馆服务人本理念的要求，在图书馆服务中也把"读者第一，用户至上"奉为理念。但是，传统图书馆历来以收藏文献、等待读者上门为主，很难充分体现出"以人为本"的服务方针。而数字图书馆不仅在现代技术上革新，同时强调观念上的转变，强调以用户为中心，从以传统的文献服务中心转变到以信息服务为中心。数字图书馆个性化服务的人本理念是综合性的，不仅体现在通过个性化服务方法向用户提供个性化信息，而且体现在数字图书馆设计、环境优化、科学管理等各个方面，于是对构建数字图书馆个性化服务的要求也仅仅从"服务"的角度扩展到图书馆规划、组织、运行、调控的各个方面。

（二）个性化服务有利于满足用户多元化的信息需求

个性化服务是数字图书馆满足用户多元化信息需求的过程。在多种因素的共同作用下，每一用户的文献信息需求均体现个性化的特征。尤其是在科学技术日益发展的今天，人们对于文献的需求大量化和高级化，这使得用户需求的个性化差异更加明显，以文献和管理为主的大众化服务模式显然不能适应用户个性化的需求。比如，对于数字图书馆的研究型读者来讲，他们站在学科前沿开展自己的研究，需要了解国内外学科发展、前沿动态等最新的相关信息，信息需求表现为"新"。同时，他们需要的信息是从信息表面挖掘出来的深层次知识，是摒弃了信息载体的知识集合，而且他们需求信息的面有时也比较宽，要求对问题的解答要"准"。要满足他们的需求，就必须开展个性化服务，除此之外其他类型的服务模式是无能为力的。此外，个性化服务还是提高服务质量的过程，其不断深化，必然要求相关的理论研究、人员素质、科学管理等与之配套，为之服务，以保证服务的质量。

（三）个性化服务有助于缓解信息资源的供求矛盾

信息资源的供求矛盾主要体现在两个方面。第一，在数量庞大的信息面前，用户茫然不知所措，不知如何获得所需信息，形成相对的信息过剩和信息浪费。第二资源共享程度差，用户无信息可用，形成绝对的信息不足。解决这个问题，一方面要改进技术手段，加强对信息资源的揭示，另一方面要建立协作机制，推动信息资源的共享。但是，无论是改进技术，还是共建、共知、共享，都不是孤立的，就事论事的，任何向此目标努力的策略、措施都是整体化的、有机的、协调的，共同的理念就是个性化服务。其一，个性化服务可以解决用户在信息海洋中找不到所需信息的问题；其二个性化服务的主要趋势之一就是联合服务，这又可以解决独立的数字图书馆信息资源匮乏的问题。

（四）个性化服务是优化服务方式的主要途径

过去图书馆提供的是一种被动服务，参考咨询服务是等待用户上门、等待用户提出问题，然后根据这些请求来做简要的回答，借阅服务是抱着"我提供什么，用户就接受什么"的服务理念。数字图书馆开展个性化服务，就是想通过借鉴信息技术，在对信息资源进行搜集、整理和分析的基础上，根据用户的特定需求，有针对性地为用户提供所需信息与知识，从而实现服务方式由被动服务向主动服务的有效转变。数字图书馆创新归根到底是对服务层次的提升和对服务质量的优化，而其依赖于对服务模式的变革。个性化服务之所以发展如此迅速，就在于其适应了这种要求。

（五）个性化服务有助于数字图书馆参与竞争

随着国内信息产业的崛起，众多信息服务机构如雨后春笋般出现，数字图书馆不再是提供信息服务的唯一机构。一些出版社、联机检索机构开始向用户提供多方面的服务，如 My Yahoo, My CNN, My Bookmarks 等。这样，数字图书馆不可避免地受到其他信息服务机构的冲击。如果图书馆无视用户需求变化的新特点，不通过服务方式创新来提高服务质量，那么，图书馆的用户将会不断流失，数字图书馆存在的价值将受到质疑。应该讲，图书馆人才、信息资源、设备、馆舍、宗旨等都是竞争资源，但是借助这些资源改进服务工作，大力发展个性化服务才是最有力的竞争手段。

（六）个性化服务可促进数字图书馆工作对新技术的适应性

服务模式和科学技术是相联系的，有什么样的技术，就会有什么样的与之适应的服务模式，服务模式受技术的限制，不可能出现超越技术条件的服务模式。所以，传统技术环境中的个性化服务无论在手段、内容、方法上都有其局限性，也满足不了用户的信息需求。相反，现代信息技术克服了传统技术的缺点，奠定了开展高层次、高质量个性化服务的基础。但是，技术的潜力只有通过挖掘才能焕发出来，其功能只有通过应用才能得到发挥。只有开展个性化服务，才能充分调动技术的积极因素，才能用足、用好技术，才能把数字图书馆的发展真正建立在科学技术的基础上。

（七）个性化服务可以提高数字图书馆的资源效益

个性化信息服务可以为数字图书馆用户提供简化的直接用户界面及专深的信息内容，极大地改善了用户的信息检索环境。同时，个性化信息服务也成为数字图书馆了解用户信息需求和资源使用情况的窗口。它通过智能代理可以自动跟踪用户在利用数字图书馆中的某些规律，即时捕捉用户信息需求的变化，从而改进数字图书馆的任务。基于 Web 日志的挖掘可以及时掌握资源的使用状况，从而更为合理地调整数字化资源收藏、采集、组织，提高信息资源的使用效益。不仅如此，个性化服务对图书馆的经济效益还可以通过管理效益、社会声誉等得到体现，也就是说，个性化服务将提高数字图书馆的综合办馆效益。

四、开展个性化服务应注意的问题

（一）坚持个性化与大众化的统一

个性化服务强调服务的个体化特征，把注意力集中到满足特定个体用户信息需求上，在这一过程中，采用了智能代理等技术，跟踪用户的计算机操作行为、网络操作行为似建立和维护用户的需求模型。除了考虑到信息服务的个性化特征以外，还要考虑到要满足用户的大众化要求，为用户提供更多的渠道，更宽松的信息利用环境，允许用户做出多种选择，减少系统使用的复杂性和用户的花费，设计通用的简介的用户界面，提高信息检索和使用的大众化程度；考虑到一些具有共同特征的用户群的信息需要，应设置一些较宽泛的主题领域供用户浏览选择。

（二）坚持技术性与人文性的统一

在数字图书馆个性化服务系统中，由于更加强调了系统设计和使用中的技术因素，并且由于一些技术在特定的时期内还难以达到十分完满的程度，因而难免存在照顾技术上的方便性上，而忽略用户信息利用上的人文性。因为信息的查找和利用是一个非常复杂的心理过程，是一种由未知通向已知的学习和创造过程。这一过程要受到方方面面的可变因素的影响。因而在系统设计时，要充分体现系统的人文性，增加使用过程的透明度，给用户提供更多的自由度、选择权和灵活性，建立技术性基础上的人文性，使用户能够方便地与系统进行互动，把代理技术与用户互动有机结合起来，使用户感觉不到或较少感觉到人性的丧失和受技术支配的失落感。

（三）坚持虚拟性与现实性的统一

数字图书馆个性化服务系统建立在分布式的虚拟的网络资源基础上，尽管网络资源从绝对数量来说是极其是丰富的，但对用户真正有用的或能被用户利用的信息却是十分有限的，因此，数字图书馆必须解决好存与取的矛盾，即有计划地、不断地将有用的文献信息和其他信息投放到网络上。坚持虚拟性与现实性的统一还要求数字图书馆将基于网络虚拟资源的信息服务与基于图书馆馆藏现实资源的开发利用结合起来，建立全方位的立体的信息服务体系。

（四）坚持标准化与预见性的统一

标准化的意义在于它能通过对经济、技术、科学及管理等社会实践中的重复性事物和概念，通过制定、发布和实施标准达到统一，以获得最佳秩序和社会效益。应该说标准化是现代社会的主要特征之一。在网络信息资源组织和服务中只有坚持标准化，才能实现数据共享，使不同的系统和不同结构的数据类型能够在统一的标准下得以共存和利用。但标准从来就不是一成不变的，标准的滞后性有时会严重束缚技术的进步和科学的发展。因而，在数字图书馆个性化主动信息服务系统的设计和开发过程中，要坚持标准化与预见性的统一，即要在主体框架上符合标准化的原则，同时为了特定的需要，对有发展前景的非标准型技术，要大胆地使用，在一定程度上要保持技术上的超前性和灵活性，只有这样才能保持系统的先进性，并据此提高用户信息服务的质量。

五、数字图书馆个性化服务开发模式

要实现个性化的信息服务需要解决以下两个方面的问题：一是准确把握和识别用户信息需求，二是提供附加值更高的信息。而以上目标只有通过用户知识挖掘和学科知识挖掘才能实现。

（一）用户知识挖掘

用户需求的产生引发个性化信息服务，数字图书馆只有充分认识用户，才能设计、开发出满足用户需求的信息知识。所以一切要以用户需求为目标，个性化信息服务的开发基础与前提是加强对用户需求的挖掘和研究。根据客户关系管理原理，用户知识主要包括三种类型的知识流：用户需要的知识、来自用户的知识以及关于用户的知识，不同类型的知识流有不同未表达的、处于朦胧状态的信息，然后根据这个潜在需求来预测用户未来需求的变化趋势。同时通过关联分析技术与用户聚类分析技术实现用户知识的深度表达。

知识挖掘的重点是用户需要的知识、用户的访问日志以及用户的浏览行为，通过对这些知识进行清洗、分类、集成，构建用户知识池，采用知识挖掘技术提炼用户的潜在需求，并预测用户需要的未来趋势。针对用户潜在需求以及未来需求趋势，数字图书馆可以设计开发出针对不同用户需求的个性化信息产品。最后运用时间序列方法、回归方法、聚类方法对用户需求进行分类整理，将不同需求特征的用户进行归类，以满足不同用户需求。

（二）学科知识挖掘

与用户知识挖掘相对应，学科知识挖掘的重点是利用挖掘技术对学科信息进行定量的分析，提取出隐含在粗糙信息中的知识，并开发出面向学科的专业知识池。其主要目的是洞悉未知知识间的联系，同时进行集成加工。这个过程包括以下环节：信息采集、特征提取、整理、分类、聚类、识别与评价等。

学科知识挖掘一般采取如下的流程：

1. 信息采集。知识挖掘的对象是与学科知识相关的资源。资源信息采集一般遵循先内后外、先易后难的原则先收集本图书馆的信息，然后再逐步扩散到其他网络资源、图书情报机构等。

2. 信息过滤。收集到的信息大都存在噪声和冗余、重复信息。在正式加工之前需要地对这些无用信息进行过滤，然后按照一定的算法以及识别信息之间的语义关联将信息进行聚类。

3. 信息汇总。将同质的学科知识归纳成一个系统的知识库。除了一般性的策略性知识、陈述性知识、流程性知识外，学科知识库还包括学科知识之间的关联以及知识规则。

4. 信息提供。结合用户个性化需求，将集成后的学科知识提供给用户。

5. 反馈评价。反馈评价是知识挖掘的最后一个环节，也是关键的一个环节。这一阶段通过用户对信息产品的评价，可以为新一轮的知识挖掘提供建议和意见。

六、基于知识挖掘的数字图书馆个性化服务策略

（一）超越用户需求服务策略

"以用户需求为导向"的服务策略是图书馆遵循的基本原则，即数字图书馆针对用户表达出的需求设计开发服务产品。但随着网络经济带来的竞争和挑战，数字图书馆要创新服务理念和服务方式，要采取从传统的"用户需求导向"的服务策略转向"超越用户需求导向"的服务策略。超越用户需求导向要求关注用户尚未认识到的模糊意识。在遵循传统现实需求的基础上超越需求，考察每个用户需求的动机和内因，将分散的需求和潜在的需求加以挖掘，从现实需求中开发和创造出未来的需求。数字图书馆通过实施超越用户需求服务策略可以在激烈的竞争环境下打造自己的核心竞争力，充分发挥图书馆馆员的个人潜力，搭建信息与用户的智能中介，实现数字图书馆个性化服务产品的增值。所以超越用户需求服务导向的实质和核心是充分把握不同用户群的心理需求和心理特点，深入挖掘用户的心智模式和认知模式。超越用户需求服务的实现离不开知识挖掘技术的开发和应用。除了用户提出的需求，超越用户需求服务关注的重点应在用户尚未意识到的需求以及模糊意识到的需求。知识挖掘可以在把握用户现有需求特征和行为的基础上，挖掘用户的潜在需求以及未来可能的需求，从而为用户提供他所预期的超值服务，最大化用户的效用，满足用户更高层次的需求。而且可以采用聚类技术将有同质特征需求的用户进行归类，提炼出用户需求的共同趋势，有针对性地提供信息服务。超越用户需求服务通过提高用户劳动技能以提高用户的劳动力价值，进而为社会创造出更大的价值。

（二）知识服务策略

知识服务是指数字图书馆充分利用自身搜寻、组织、分析、加工信息知识的能力。针对用户的信息需求和环境，有效地支持知识应用和知识创新，将解决用户实际知识问题作为提供服务的指南。数字图书馆的个性化信息服务是通过利用其优良的设备和资源，通过信息的整理与加工进而实现知识生产与创新的活动。数字图书馆要参与知识市场竞争并实现其社会价值，必须以知识服务作为图书馆服务竞争的核心。知识服务是通过知识的集成、加工，对知识结构进行重组，形成新的产品，这些产品可以满足不同用户个性化的信息需求。知识服务是基于问题的解决方案，是为用户提供个性化、高附加值的知识产品。除了准确把握和跟踪用户需求，数字图书馆还应建立和完善全方位、多层次的知识信息保障机制。数字图书馆可以集成、整合馆内馆外的信息知识，

通过知识挖掘技术开发新的产品,以满足用户多元化、个性化的信息需求。实现知识服务的关键是对现有的知识进行分析、集成、挖掘。数字图书馆通过提供知识服务,实现"旧产品、新功能,新产品、新功能"的效果,提高知识的使用价值,开发个性化的信息服务,从而满足用户的差异化信息需求。

(三)人本服务策略

评价数字图书馆服务质量的标准之一是用户的感受,用户感受数字图书馆的服务质量来自两个方面:技术服务质量和功能服务质量。技术服务质量是用户在使用数字图书馆过程中得到的收获,即服务的结果。功能服务质量是用户在使用数字图书馆过程中的服务感知,即感知到的服务状况、服务态度等。技术服务质量固然重要,但在某种程度上,功能服务质量决定了数字图书馆的服务效率。心理学家研究表明:因为得到劣质服务(态度、语言、行为、表情)而导致客户流失的概率是因客观原因无法满足需要而流失概率的三倍。用户的需求是多层次的,在得到物质满足的基础上,对精神服务的需求在不断提高。所以,除了注重技术的开发与应用,数字图书馆更应该关注用户的主观心理感受,实施人本服务策略。用户是数字图书馆赖以存在的基础,同时是数字图书馆存在的目的。因此,为用户提供超值的服务是数字图书馆得以存在和发展的法宝。人本服务策略体现了对人的友善和尊重,是图书馆落实"以人为本"思想的根本措施,图书馆馆员必须急用户之所急,想用户之所想,随时倾听用户的呼声,让用户在图书馆接受愉快的区间服务。而实施人本服务的基础在于建立良好的馆户关系,深度挖掘用户的需求特征和心智模式,根据用户的信息需求,提供更加个性化、多样化和人性化的服务,提高用户体验价值,提高数字图书馆的服务效率和服务水平。

第四节 数字图书馆读者服务模式

一、读者服务内容、性质和作用

(一)读者服务概念的含义

读者服务是指图书馆根据读者的文献需求、充分利用图书馆资源直接向读者提供文献和信息的一系列活动。也被称为读者工作或图书馆服务。它是一种特殊的服务,是利用图书馆资源所进行的文献服务,其目的就是通过开发利用图书馆的各项资源,最大限度地满足读者的各种文献需求。读者服务的实质就是向社会传播知识,向读者传递文献信息。读者服务的对象是来自社会各个阶层的有着特定文献需求的社会成员，这就是图书馆读者服务与其他行业的服务（如商业、运输业服务）的主要区别。正是由于这种服务的特殊性，决定了图书馆读者服务特定的内涵和外延，它已绝非传统意义上的以借还图书为主的"读者服务"可以比拟的；作为一个规范性的概念，现代的"读者服务"在内容上已经发展成为一个多成分、多层次的网络结构：它通常包含了服务的对象、服务的基础条件、服务的方法、读者服务工作的管理四个方面的结构因素。

（二）读者服务的内容

从一般意义上来说，读者服务内容主要包括四个方面：研究读者，组织读者；组织各项服务活动；组织各项宣传辅导活动；组织管理工作。以上四个方面的内容相互作用、相互制约，缺一不可。其中，组织与研究读者是读者服务工作的前提条件；组织各项服务活动是读者服务工作的具体体现；组织各项宣传辅导活动是读者服务活动的基本要求；组织管理工作是顺利开展读者服务工作的根本保证。

（三）读者服务工作的性质

读者服务工作在图书馆工作中占有极为重要的地位。在现代社会中，文献数量与日俱增，社会文献需求日益广泛，要求读者服务工作以最快的速度从大量的文献信息中选取读者需要的文献、以满足读者的特定文献需求。这对图书馆以借还图书和宣传教育为主的读者服务工作提出了更高的要求。尤其是计算机网络系统的发展，使读者服务工作不仅在服务质量和速度上得到了提高，而且在服务的内容和范围上也得到了进一步的拓展。因此，人们又将读者服务工作看成一种文献信息的传递工作。

由此可见，读者服务工作随着社会需求的发展，有一个从低级到高级、由简单到复杂的发展过程，其工作性质不断发展变化。读者服务工作的性质应该充分体现图书馆的基本性质，因为图书馆的性质及其对社会的作用必须通过读者对图书馆资源的利用才得以体现。因此，就其读者服务工作的性质而言，主要特点有中介性、社会性、教育性、服务性。

（四）读者服务工作的作用

读者服务工作的作用主要体现在两个方面，即对图书馆工作的作用和对社会的作用上。读者服务工作在图书馆工作中的主要作用：

1. 读者服务工作直接体现了图书馆的性质、任务；
2. 读者服务工作将图书馆资源和读者有机地联系起来，起着桥梁和纽带的作用。

读者服务工作对社会的主要作用：

1. 为促进科学技术的迅速发展提供有力的信息支持；

2. 为培养社会主义建设人才，提高全民族的科学文化提供物质条件；

3. 为加强社会主义精神文明建设提供积极的服务活动。

二、读者利用数字图书馆的现状

读者对数字图书馆的认知程度有限。多数读者对图书馆是否有中外文数据库、馆际互借、文献传递、课题查新等服务知之甚少，这是制约他们利用数字图书馆的因素之一。

获取信息技能不高。主要表现为读者对信息不甚了解，缺乏对文献的获取技能；许多读者还没有掌握基本的文献检索知识，也缺乏基本的计算机知识；还有一些读者不懂得网上信息资源的检索与利用，利用现代化技术手段获取信息的能力不强。

读者对图书馆推出的新服务、新举措不了解。由于图书馆宣传力度不够，很多读者不了解图书馆的服务项目和服务方式，更谈不上利用。

三、数字图书馆读者服务的理念

图书馆是为读者服务而存在的，广大读者及其需求是图书馆产生和发展的源动力。没有读者，图书馆就失去了存在的意义。图书馆不但需要收集大量的文献，而且需要广大读者充分利用这些文献，使隐藏在文献中的潜在价值转化为现实价值，变成造福社会的现实生产力。图书馆馆员就是通过各种服务，将图书馆与读者紧紧地联系在一起，向读者提供快捷、周到的服务。这是图书馆服务的宗旨，贯穿于图书馆的全部业务活动中。

网络环境条件下，图书馆的信息环境和内部机制都发生了重大变化。电子出版和网络出版使读者可以绕过图书馆和出版社这些中间环节直接获取所需信息。图书馆只有全心全意为读者服务，把工作中心从藏书转向读者，才能在信息市场竞争中站稳脚跟。因而，读者是数字图书馆读者服务的轴心。

四、数字图书馆读者服务模式

（一）"用户驱动"的服务模式

传统图书馆以印刷型文献为中心，所提供的服务为以馆藏为中心的文献服务，重藏轻用是以馆藏为中心的服务模式的最基本特征，图书馆的一切工作和服务都是围绕馆藏开展的，尽管也提倡"读者第一""用户至上"的服务原则，但馆藏资源和技术条件的限制使这一原则没有得到切实有效的实施。数字图书馆以分布式的数字化信息为馆藏资源，藏用并重甚至以用为主是数字图书馆服务模式的基本特征。服务理念的改变，馆藏范围的扩展，技术条件的成熟，使得图书馆有条件也必须考虑和实施面向用户的服务，充分挖掘数字图书馆的信息资源，尽可能满足用户的信息需求。这种服务模式的主要特点是：

1. 图形化的友好的用户界面；

2. 智能化的帮助程序；

3. 快速地将书目、文摘索引信息、全文文本和图像传递给最终用户；

4. 强有力的检索工具和先进的信息处理、分析工具；

5. 用户联机查询数字图书馆的信息资源时，馆员可以电子方式参与，直到用户解决问题；

6. 全天候的电子文献检索、处理和传递服务；

7. 充分研究和了解用户的现实信息需求和潜在信息需求。

（二）用网络化带动个性化的读者服务模式

图书馆的个性化服务，是针对不同人（读者）群、不同知识层次、不同社会职业、不同年龄、不同需求，甚至不同心理状态而开展的具有鲜明个体特征的、具体的服务。这种个性化的服务，要从服务的理念、服务的内容、服务的方式和手段、服务的效果等诸多方面，都能体现出个性化的特点特色，由这无数个个性化服务的实现，达到公共化服务的目的，进而实现个性化与公共化的统一。

1. 在线阅读

一系列的数字图书服务动态都是倾向于提供"在线阅读"，而且各有各的特色服务。对于读者来说无疑是个福音，同时图书的数字化也将积极促进网络应用。

新型数字图书服务在线阅读是重点。在以往，数字图书馆的概念主要在于图书馆的信息化，由互联网提供的分布式电子文献信息资源的大量应用，更多的是全文检索等信息技术的利用，满足了读者迅速、准确和方便地获得信息的需求。

2. 网络个性化的其他服务

信息资源的逐步网络化为信息用户获取大量信息提供了广阔的空间和极大的便利。与此同时，网络加剧了信息数量的飞速增长，势必导致大量无效信息及垃圾信息的出现，造成网络信息领域内鱼龙混杂局面。网络信息资源的不断激增与用户利用之间的矛盾，已经暴露出网络资源的缺陷，并严重影响着用户对知识信息的需求。在这种情况下，信息用户迫切需要有人能够为他们及时获得所需排除干扰，创造一个洁净的网络信息环境。图书馆利用自身优势，对馆藏资源和网络资源进行深层次的开发，对知识信息进行加工、分析、整理、综合，以读者和用户的需求为中心，以充分满足读者和用户的信息需求为目的,为读者、用户提供具有针对性和专业化的个性化信息服务。

(1)建立个性化主页和个性门户服务网站

个性化信息服务门户网站对于图书馆建设有重大意义。图书馆 2.0 的个性化服务倡导以人为本,个性化信息服务门户网站的建设实现了读者与读者、读者与图书馆的零距离,读者并不仅仅是信息的索取者,更是信息的提供者。读者反馈的信息可以让图书馆管理人员及时发现问题、解决问题,利用这些数据进行挖掘分析,掌握读者的信息服务需求与变化规律,提升个性化信息服务的质量,调整人力资源的管理体制。

(2)专项课题

由学科馆员和课题组成员利用 Wiki 作为共享信息的平台,方便每一位成员快速地获知其他研究成员研究的最新进展,容易找到研究的创新点和突破点。上海大学图书馆基于 Salbroslus 开源网络书签,开展了网摘应用服务,用户不但可以保存自己从网上查到的有用信息,还可以使用户之间共享彼此收藏的网络信息。由于网摘不再局限于图书馆资源,拓展到了丰富的互联网资源,所以实现了数字图书馆资源与其他信息资源的有机结合。

(三)将知识导航作为读者服务核心的模式

在数字图书馆建设不断取得进展和读者个性化服务不断增强的背景下,图书馆要力求成为信息管理者和知识推动者,肩负着知识导航的角色。网上信息资源多以一个信息为主,只有对它们进行深度加工,才能向读者提供更有价值的知识信息服务,因此,必须建立一个涵盖传统文献、电子出版物、网络资源的信息资源集成管理系统,开展一体化的读者服务,将网上的有关信息、节点归类整理,用超文本方式链接,形成专题信息导航系统,利用浏览器查检方式,与因特网实行自动连接,下载万维网服务器上的主页及利用率高的文献,做好科学配置和组织工作,便于读者使用。

(四)集成信息服务模式

指对于某一特定领域或某一特定用户的信息需求,把信息资源保障体系诸要素有机地链接成一个整体,使用户得到面向主题的信息服务。用户利用集成信息服务时,面对的是"一站式"的计算机界面,而后台则是整体化的信息资源保障体系。这个保障体系包括技术和制度两个方面,前者负责信息的采集、加工、分析与提供,后者负责信息资源的建设管理、质量管理、作者管理和知识产权管理。

五、数字图书馆读者服务方式和内容

（一）数字图书馆服务方式

数字图书馆发展了传统图书馆的服务方式，又利用了网络环境下的新服务手段，形成了集多种服务方式于一体的多元化服务体系。数字图书馆的建设涉及的技术面很广，包括数字化技术、索引技术、交互技术、存贮技术、搜索引擎及导航技术，因而需要强大的技术力量支持，而现在很多图书馆还不具备这些技术条件，科研、高校、图书馆等各系统应当联合起来，以保障对数字图书馆的技术支持。

（二）数字图书馆读者服务的内容

信息内容的集成是数字图书馆集成信息服务的重要内容。数字图书馆在帮助检索书目或文摘数据库进而获得原始文献的基础上，对信息内容进行加工、综合，甚至包括图像理解、语音识别、视频理解等，为读者提供具有知识内容的增值信息产品，而不只是关于信息的信息。

在数字图书馆条件下，用户可通过网络方便存取、复制、打印、下载、套录信息。此时读者服务的重点是通过多种方式对用户进行信息素质教育，以取代传统图书馆的利用指导和书目指导，图书馆馆员越来越多地扮演着教师的角色。

六、数字图书馆的多元化服务体系

信息技术特别是网络技术和多媒体技术的进步，使数字图书馆一方面发展了传统图书馆的服务方式，另一方面又推出了许多基于网络环境的新的服务手段，大大拓宽了图书馆信息服务的范围，形成集多种服务方式于一体的多元化服务体系。数字图书馆的读者服务既是对传统图书馆的继承，又是对传统图书馆信息服务的扩展，更是在传统图书馆基础上的发展和创新。

七、数字图书馆的馆员服务角色

在传统图书馆条件下，读者服务的主要项目是馆藏文献借阅服务，图书馆馆员的主要工作就是保管和借还图书，图书馆馆员的角色首先是从图书的保管和分发人这两方面体现出来，图书馆读者服务工作更多地从"物的传递"方面体现出来；其次是从参考服务方面体现出来的信息检索中介角色和从用户教育方面体现出来的教育角色。而在数字图书馆条件下，图书馆馆员的角色地位可以从三方面体现出来：一是管理者，负责收集记录下来的信息;二是传递者,利用所收集的信息回答用户的问题;三是教育者,将所收集的信息以有序的、可存取的方式提供给读者,并通过与读者的积极交互提高用户理解和获取信息资源的能力。数字图书馆的读者服务工作更多地从收集信息、组织信息、传递信息和读者教育的"知识的传递"方面体现出来。

第五节　网络环境下图书馆服务商业化模式

网络环境下图书馆与电子商务两者有相通的地方,将两者结合起来,有利于电子商务的发展。发展中国家应根据财力、国力,制订长远规划,分步骤、分阶段实施电子商务。一是信息技术采用自主发展、跟踪发展与超常发展相结合的战略,逐步缩短与发达国家的差距,实现科技成果商品化、产业化和国际化;二是国民经济各部门广泛采用信息技术;三是培养既懂得管理又懂信息技术的复合人才,通过技术创新、管理创新、制度创新,积极发展信息产业。对政府来说,应该转变观念,实现由垄断管理向提供服务的转变,为电子商务创造一个公平竞争的环境。基于网络环境下图书馆的电子商务模式有以下几种:

一、网上书店模式

1999年3月9日,配置在首都电子商城的北京图书大厦网上书店开业3个月以后,已经开始盈利。这说明他们实施 BtoC 模式的电子商务取得了成功。其主要标志是:较好地解决了全球性的安全支付问题。在首都电子商务工程试点中,由首都电子商城配置了自主开发的具有高位加密算法的安全协议。在国外有关银行以及国内外公司的合作下,采用多种现代的或具有实效的支付工具与网上银行等支付方式,以及多种安全协议和高位加密算法,并使具有网上安全支付功能的网上购物(购书)由本市扩充至全国,全球而获得成功。取得了相当规模的营业额。网上书店经营3个月,平均每月网上有效订单交易额达10万元人民币,另外网上书店的增值效应平均每月超过100万元。实现了网上书店的全球性经营。已经完全打破了时间和空间的限制,在每年365天,每天24小时的任何时间实行不间断的经营服务。北京市购买者开始时占四分之一,后来下降到五分之一,而外地的购买者由开始的45%下降到30%,境外(如北美、欧洲、日本、港澳台等)购买者则由开始的30%上升为50%。这说明一定规模的全球性经营,在国内所开展的电子商务中尚属首家。

现阶段如果使基于数字图书馆的电子商务网站以图书销售为主,图书馆查询和知识租赁为辅，建立中国第一大网络书店是有一定困难。这样做很可能使在线销售网站在第 4 次网络潮来到之前死掉。但是，如果能够找到一种新的适合中国国情的网上销售付费方案，或者将虚拟书店与实际书店相结合，就可能会给中国网络书店带来一线生机。

二、门户网站模式

现在的网站发展已经到了垂直门户阶段，所有的综合门户网站都在接受生存的考验。与以前的综合门户网站不同，垂直网站不是求大而全，而是力求做到在一个特定领域内的全面。这个领域之外的信息并不收集，也不提供这个领域外的服务。这种服务可以有效地将对某一特定领域感兴趣的用户与其他网民区分开来，并能长期而持久地吸引住这些用户。

中国目前已经有一些垂直门户网站如"当代中医网"（WWW.tcmtoday.com）立足于中国中医药特色，利用计算机技术发展人类健康事业。网站将中医药和互联网有机结合起来，为用户提供全面、科学、权威的医疗健康信息资讯和健康咨询顾问服务，形成了一个崭新的事业。当代中医网，本着"服务，永远以用户需求为核心"的宗旨，把会员健康作为服务的主线，将服务功能不断延伸。在深入了解用户实际情况和客观需求的基础上，以深度交互的、私密性很强的顾问方式，为广大用户带来不同以往的健康咨询服务。

根据调查显示，网民一般都会选择在自己国家语言的网站上网，因此国外的英文网站对中国网站的生存影响较小，而且在很多专业领域里，优秀的垂直门户网站在国内国外都很少见。因此，建立一个依靠数字图书馆大量数据资源的门户类网站可行性很大。

在建设完善的数字图书馆之前，需要先选择一个专业作为主攻对象，将这个专业网站不断完善，将一切与之有关的内容和服务囊括其中，最重要的是给网站的某项功能做得精益求精，使之成为在某一领域具有权威的专业网站。同时通过各项广告途径将网站推销出去，这样可以使网站在某一个领域内获得较高的收视率，然后通过相关书籍、光盘和软件的销售、有价值的租赁、读者调查、网络广告等获得增值。这样，一个有特色而又有大量数据支持垂直网站就建成了。同时随着数字图书馆其他专业的不断完善，还可以建立其他专业的垂直门户网站。

三、技术创新模式

无论是在国内还是在国外，随着数字化数据库的日益壮大，将带来很多关于海量数据管理技术、搜索引擎技术、网络知识产权保护技术、海量数据提取摘抄技术、访问负载均衡技术、电子商务解决方案和技术等服务器端技术创新问题和一些客户端的技术创新问题。

四、知识租赁模式

当今，经济增长比以往任何时候都更加依赖于知识的生产、扩散和应用。知识作为人力资源和技术中的重要成分，其作用日益明显。

网上的信息大部分是免费的，能靠信息订阅赚钱的网站确实不容易。有调查表明，用户只愿意为两类信息付费：一类是赚钱的商业信息，另一类就是体育信息。因此，信息必须经过加工变成知识才会更有价值。

数字图书馆中储藏着大量的知识，在这方面具有天然的优势。首先建立一个网站，选择出一批杰出的专业咨询人才，给读者提供全面的信息分析与评论，针对普通用户和专业用户采取不同的模式来赚钱。

五、免费信息服务模式

这种网站一般是全免费的，主要是通过网民行为分析和网络广告来获利。它之所以免费，一方面是老板有钱，另一方面使用"免费"来换取客户的统计资料，而这种资料也是很有价值的，那他为何要加入免费电子商务机制呢？以下为综合因素：避免投资风险，建立网站零风险，节省巨额的电子商务建置经费；即时有效促销本身公司商品；每年节省必须编列的系统维护或专线租赁费用；简短的虚拟网域名称，印制在DM及包装上，增加消费者利用网站与商家互动机会；实体商店结合电子商务，是未来制胜的关键；提供消费者最新及最便利的商品预购预付管道，免除消费者必须亲临奔波及排队辛苦。

广告业与信息技术密切相关。在传统广告业中可以有3个方面的应用，都会带来巨大的效益。首先是在广告制作中的应用。目前已有不少题材制作者摆脱了手工作业，用数字化技术进行创作、编辑、效果处理、储存、压缩和传输，极大地提高了创作效率和作品效果。其次是广告企业的管理信息系统的应用。例如，广告文档的保存和管理，可利用信息压缩、索引、搜索技术加以科学管理和高效利用；再如广告效果的统计及反馈系统，可利用联机统计调查、分析、反馈技术，加强对广告效果的监测，为广告主提供更好的服务。第三方面的应用,帮助广告企业做好营销和客户服务。例如,可建立客户数据库,记录客户的需求、广告投入以及对广告效果的反应,提高对客户广告需求的分析、判断能力;还可以建立网上的在线广告制作、传送、反馈的新型服务。

六、网络教育模式

进入信息化时代,人们对新兴的网络教育方式表示出认可的态度。调查中,44.7%的人认为网络教育是未来的主流教育,41.7%的人认为网络教育一样能学到知识,对网络教育持肯定态度的人计达86.4%。教育的网络信息化有三大优势,一是以多媒体计算机技术为核心的教育技术在学校的普及和应用,二是可以利用网上资源提高教学质量,三是开办远程教育达到资源共享。随着信息时代的到来,目前网络教育不论是在国外还是在国内,都已经普遍被人接受。我国社会经济发展不平衡,各地区之间的教育水平还存在很大差别,网络化教育的迅速发展,对缩小地区之间的教育差别、扩大教育规模、提高教育质量等方面将起到重要的促进作用。

函授、电大等教育手段已经被证明是行之有效的模式,随着网络时代的来临,我们更加有理由相信网络将成为教育产业可以利用的得力工具之一,网络与教育的结合势在必行。求学者因为工作的关系,往往无法在时间、进度上兼顾学习与工作,网络因其时间、空间上的灵活自如而成为他们的首选。

互联网的教育方式优势十分明显,比如,国内知名的中国人民大学现代远程教育网就表示可以提供"五个任何"与生动学习:任何人、任何时间、任何地点、从任何章节开始、学习任何课程;最直接体现主动学习,反映现代教育和终身学习要求。而传统方式的局限性就不言而喻了,它几乎做不到任何的"任意性",它是在特定的时间、空间范围内的模式化教育,目前国内比较流行的函授、电大等教育手段虽然不失为一种较以往来说有效的教育方式,但是它的随机任意性仍然不能够满足日益个性化的教育需求,而个性化教育服务则是网络教育的真正魅力所在。

七、旅游电子商务模式

在信息共享空间门户网站中,几乎所有的网站都不同程度地涉及了旅游的内容,如新浪网生活空间的旅游频道、搜狐和网易的旅游栏目、中华网的旅游网站,显示出旅游信息的巨大生命力和市场空间。

旅游电子商务的定位就是满足旅游市场的发展要求,顺应旅游战略创新的趋势,探索新的旅游业务模式,建设有特色的、个性化的旅游电子商务,降低成本,提高效率,寻求新的利润增长点。

旅游电子商务也是突破传统经营模式与手段，建立现代旅游管理信息系统，避免传统规模扩张的机构庞大、管理失效的弊病，形成规模化、产业化、标准化的旅游发展新格局。旅游电子商务不是简单地建立网站进行宣传，而是传统旅游业务在虚拟时空中的补充，网络不能解决集体团队旅游服务的个性与特性的问题，传统对散客旅游服务又无能为力，两者相互辅助，优势互补，共同发展。

第六章 数字图书馆云服务系统应用及展望

第一节 云计算概述

一、云计算的由来

1997年,美国斯坦福大学的两位学生,布林和佩奇(中文名),他们编写了一个搜索爬虫软件叫Back Rub,该软件的主要功能是分析网页之间存在的关系。由于销售不出去,他们就继续研发这个软件,进一步扩大搜索的网页数量,提高信息搜索的效率。为了获得更高的计算性能,他们决定用多台服务器来实现。但是这两位学生并不富裕,买不起新的服务器,就在他们无计可施时,认识了一位中国朋友,这位中国朋友跟他们聊起了中关村的点点滴滴。于是,他们学会了如何组装最便宜的服务器。买一些旧纸箱、旧主板、旧的CPU、淘汰的硬盘和低价的电源等,将它们装在纸箱上,就这样他们组装了很多很多的服务器,每台的价格也就几百元人民币,相当便宜。到了2000年,他们已经拥有了数千台这样的服务器,在这些服务器上运行BaCkRUb。可是这些服务器是旧的,容易坏,而且又不稳定,只能靠完善的软件和系统容灾来克服这些问题,即使服务器坏了,软件系统也照样运行,数据不会丢失。就这样,他们在BarkRUb系统里研究出先进的运算模式来实现高性能的运算,这就是现在我们所说的云计算。

二、云计算的特点

1. 规模大。例如,Amazon、微软等云均拥有数十万台服务器。"云"计算能力非常强。

2. 虚拟化程度高。"云"没有固定的位置,也不是固定的实体。"云"在某个地方运行,我们无须了解,也不必知道它的具体位置,借助电脑和移动设备,实现我们需要的"云"服务,如超级计算服务。

3. 可靠性强。"云"采用了数据容错和计算节点同构互换等技术来保障其服务的可靠性。"云"服务安全、可靠。

4. 通用性强。"云"的应用千变万化，一个"云"可同时运行多种应用，提供多种服务。

5. 扩展性强，"云"的规模变化莫测，可大可小，以适应用户的实际需求。

6. 按需付费。"云"提供的资源相当丰富，可以按需购买与计费。

7. 成本低。"云"资源的利用率比传统资源高，用户可以充分享受"云"的低成本优势，过去费用高、时间长才能完成的任务，有了"云"，就大大减少了费用、缩短了时间。

三、云计算的定义

云计算的发展和应用相当迅速，但是对云计算的定义众说纷纭。下面列举部分计算机专家、云计算专家和知名学者对云计算的定义。

Reuven Cohen——国际云计算论坛创始人，认为云计算最简单的解释就是将其描述为"以互联网为中心的软件"。

Douglas Gourlay——思科高级主管，认为云计算指的是一个大的宏图，基本上说，就是让用户透过 Intemet 搜索资源，利用云计算获取服务。

Kevin Hartig——SuN 高级数据结构工程师，认为云是一个庞大的资源池，按需购买；云是虚拟化的，可以像自来水、电、煤气那样计费。

Aaron Ricadela——美国《信息周刊》主编，认为大多数人应该是同应用或服务打交道，而不是同软件打交道。对于云计算，希望软件本身被虚拟化或躲藏在系统、专业人员的背后，或者说是躲藏在"云"的背后。

Irving Wladawsky 博士——IBM 公司科技部副总裁，认为云计算就是将以前那些需要大量的软、硬件投资，以及专业技术能力的应用，以基于这些服务的方式提供给用户。

刘鹏——中国网格计算、云计算专家，认为云计算将计算任务分布在由大量计算机构成的资源池上，使各种应用系统能够根据需要获取计算力、存储空间和各种软件服务。确切地说，云计算是分布式计算并行计算和网格计算的发展，或者说是这些计算机科学概念的商业实现。从本质上讲，云计算是指用户计算机、移动设备等终端通过远程连接的方式，获取存储、计算、数据库等资源。云计算可作为一种商品进行流通，就像公众设施一样，取用方便，费用低廉；但不同于商品的是云计算是通过互联网进行传输和应用的。

四、云计算的经济效益和社会效益

云计算给整个社会带来重大变革。云计算的应用遍布各行各业，如银行、电信、物流、医疗、制造业、公共服务行业、教育、科研部门等，为这些行业带来了巨大的经济效益和社会效益。

虚拟化作为云计算的基础，可为IT行业节省成本，节省的资金可用于业务发展的创新。

用户可以灵活选择业务服务、开发环境、基础架构等开箱即用的IT能力，只需付少量费用就可获得计算、软件、数据、存储等云资源，切切实实地帮助用户把资产成本转换为运营成本。

五、云计算类型

从云计算的架构和业务模式来看，云计算分为公共云、私有云、混合云三种类型。

（一）公共云

公共云为公众提供开放的计算、数据、存储等服务。公共云部署在公司的防火墙之外，由云供应商进行维护和管理。软件、硬件、应用、带宽等云供应商都负责其系统的安装、管理和维护。用户只要为其使用的资源付费即可。例如，百度的搜索、亚马孙的弹性计算云和微软的 Azure 云等。

（二）私有云

私有云部署在公司的防火墙之内，为某个特定组织或企业内部提供相应的服务。私有云由组织或企业自己维护和管理。与公共云相比，私有云具有以下优势：数据管理安全、服务质量稳定、硬件资源和软件资源可充分利用、不影响IT流程的管理。但是，对于组织或企业的部门来说，建立私有云比较困难，且持续运营成本较高。例如，IBM 的暴风影音等。

（三）混合云

混合云是公共云和私有云的混合。一般来说，混合云由企业内部创建，由企业和公共云提供商共同完成维护和管理任务。混合云可以为其他弹性需求提供一个良好的平台，这极具成本效应，如灾难恢复。也就是说，私有云把公共云作为转移灾难的平台，并在需要的时候去使用它。混合云使用公共云作为一个选择性平台，同时选择其他的公共云作为灾难转移平台。结构完整、合理的混合云可以为各种重要的流程提供安全的服务，如接收客户支付流程和员工工资单流程等。使用混合云，比单独使用私有云或公共云复杂得多。

第二节　云服务模式

从云架构的服务层次来划分，云计算可提供三种服务，即软件即服务、平台即服务、基础设施服务。下面从功能角度来介绍这三种服务。

一、软件即服务

SaaS 服务供应商将软件部署在服务器上，用户不再像传统模式那样花费大量的资金在软件及维护上，他们只需支付一定的服务费用，通过互联网就可以得到相应的软件和维护服务，这是网络应用最佳的营运模式。例如，云计算 ERP 服务，用户可以根据软件的功能、数据的存储空间等实际应用进行付费，对于软件许可、操作系统、数据库等费用都不需支付，软件系统的设计、开发、管理、维护等费用也无须支付。云计算 ERP 服务的特点是继承了开源 ERP、免许可费用、只收服务费用、突出服务。

二、平台即服务

PaaS 服务供应商将开发环境当作一种服务来提供。PaaS 供应商将开发环境、服务器、硬件、软件等服务平台租给用户，用户在此平台上进行软件开发，通过 PaaS 服务平台将软件出售或租用给需要的用户。PaaS 平台还提供软件开发、数据库设计、服务器租用、服务器托管等服务给个人或单位使用。例如，BigTaHe 数据库（一种非关系型的数据库。可靠地处理 PB 级别的数据，并且能够部署到上千台机器上）及 CFS（谷歌文件系统）组成的平台，为开发者提供主机服务器环境、在线应用服务平台等资源，用户可以在此平台上编写应用软件并在 Google 的基础架构上运行，以此为互联网用户提供便捷的服务。

三、基础设施服务

IaaS 服务供应商将多台服务器组成的"云端"基础设施，作为计量服务提供给用户。它将处理、存储、网络、计算能力、用户部署和运行的软件、操作系统以及应用程序等组成一个庞大的资源池，为用户提供虚拟化的存储和服务器等。IaaS 提供的是一种硬件托管服务，用户可以根据实际需要租用其硬件资源。用户不需要管理、控制任何云计算基础设施，但能控制操作系统的选择、储存空间的分配和应用部署，也可以控制部分网络组件（如防火墙、负载均衡器等）的应用。例如，AmazOnEC2&S3（EC2是弹性计算云，用户可以租用云电脑运行需要的系统；S3是一个公开的简单存储服务云），Wel应用程序开发人员可以使用它存储文档、图片、音乐、视频等和IBM的BkleQoUd等均是将基础设施作为服务出租。

IaaS的优点：用户只需低成本硬件，按需租用相应的存储、网络、计算能力和存储能力，大大减少了用户在硬件上的投入。

四、云服务框架模型

云服务涉及的人员和组织机构，关系复杂，其中有服务用户、服务管理员、服务供应商、服务设计人员等。设计和开发人员开发出各种服务，用户发送服务请求，云服务供应商将这些服务提供给用户使用，按需收费或免费，供应商后台管理员对系统进行维护。

五、知名的云计算厂商及其云服务

国外云计算起步较早，云计算厂商实力较雄厚，开发的语言种类很多。目前，国外知名的云计算厂商有微软、亚马孙、Salesforce.VMWare等。国内的云计算公司有中国移动、中国电信、华为、中兴、新浪、盛大等。

第三节 云计算在图书馆的应用与实践

一、国外图书馆云应用

2009年4月23日，0CLC（Online Computer Library Center，联机计算机图书馆中心）宣布推出基于Word Carl数据的协作型图书馆管理服务，这被认为是一项云计算服务。此举开创了云计算在图书馆界广泛应用的新纪元。

亚洲首个SaaS的集成图书馆自动化系统问世，即印度的Cybrarian系统。

哥伦比亚区的公共图书馆使用亚马孙的弹性计算云服务托管它们的网站，并且使用亚马孙的S3服务备份图书馆自动化集成系统的数据。

东肯塔基大学图书馆使用Google DoeS来收集网站回复的数据，他们把Google日历当作培训和会议的日历，还用Google Analytics来收集网站、图书馆目录以及博客中的数据。

二、国内图书馆云应用

中国高等教育文献保障系统、国家图书馆、省市图书馆等建立了不同程度的基于云计算的联合编目系统。

三、云计算为图书馆带来发展机遇

云计算必将改变数字图书馆的管理模式、服务模式和功能定位。

（一）"云存储"降低了数字图书馆的管理成本

云计算简化了信息技术架构的实施，即信息技术的应用可以像水、电、煤气等公众设施一样，随时定制、随时取用、按需付费。图书馆内大量的电子资源，不论是自建的，还是购买的，都可以存储在"云"上，而不再需要"镜像"在本地存储设备上。"云存储"化解了电子资源数据剧增与存储空间不足的矛盾，化解了知识信息剧增与图书馆馆藏能力有限的矛盾。"云存储"提高了电子资源的利用率。构建标准化、低成本的"云存储"，实现资源的共建、共享。

（二）加快资源整合进程

云计算最重要的思想是"整合"。云计算具备全部的硬件能力，还可以将其存储的数据进行整合和应用。在图书馆系统内，各种资源（如电子资源、馆藏书目数据、自建数据库等）可以被一个"云"整合在一起，信息高度融合，构筑"信息共享空间"，即"行业云"或"区域云"，使读者能够享受到更全面、更专业的云服务。

（三）促进"泛在图书馆"服务的实现

"泛在图书馆"作为图书馆未来的发展趋势，我们把它理解为一种不受时间和地点限制地获取信息资源服务的图书馆。"泛在"指出了未来图书馆服务的便捷性和广泛性，而云计算恰恰为这种新兴的图书馆形式更定了技术基础。云计算整合的对象并不止于计算机，还整合了笔记本电脑、手机、PDA、PSP、平板电脑等所有移动终端，为之提供强大的无线网络功能。随着云技术的深入应用，随时随地获取信息资源将很快就能够实现。

第四节 "图书馆云"展望

一、图书馆需要的"云"

"OCLC 云"的到来,意味着图书馆云计算已经开始,但是,"OCLC 云"只是一朵"私有云",还不是人们所希望的那朵"公有云"。图书馆的 IT 架构和应用要完全进入"云服务"时代,还需要相当长的时间去发展和推进,而且需要 IT 部门、图书馆以及热心用户等多股力量的智慧来协同完成。

未来图书馆云平台,就是要利用云技术,把数字化资源通过移动终端设备展现给任何地方的用户,实现海量的数字浏览、阅读、下载等服务,使用户能够在任意时间、任意地点、以任意终端实现以上需求。

图书馆既是云计算的使用者和受益者,也是云服务的开发者和提供者。前者是作为一个体验用户,后者是作为服务供应商。目前可以肯定,所有的"云"服务都可以在图书馆领域得到发展和应用。图书馆的具体"云"服务如下。

1. 软件服务:指各种软件应用,如图书馆自动化集成系统、办公自动化管理系统、数据库建设系统、网站管理系统等,都可以网络服务的形式提供给用户。

2. 存储服务:指各种数字资源,包括图书馆自建的数字资源,都可以放在"云"端上,不再需要做本地镜像。

3. 数据服务:中心图书馆作为"云"服务的供应商,提供本地数据或者其他业务的服务。

4. 平台服务:引入"云"基础设施,利用云计算解决方案,搭建"私有云",满足本地或局部应用。

5. 网络整合服务:图书馆作为服务供应商,理应整合多家图书馆的云平台和资源,实现不同"云"之间的操作与共享,为用户提供更全面的服务。

二、图书馆云未来

"云"的迅速发展,将带来图书馆的重大变革。未来大多数图书馆将无须配备庞大的机房设施,图书馆的所有业务、资源服务、资源建设等系统都可以通过"云"来实现。所以在未来,图书馆将不再需要配备各种复杂的系统,如自动化集成系统,只需让少数的、大型的、肩负重任的"中心图书馆"来提供这朵"云"服务,大多数图书馆都将是这朵"云"的使用者。

未来，读者以个人身份信息登录"云"系统，就可以获得图书借阅、信息查询、参考咨询等服务。图书馆的所有资源都放在"云"上，图书馆利用"云"平台，进行数字资源的整合，包括馆际互借、资源共享等都通过"云"来实现，整个图书馆行业就是一片"云海"。

未来，图书馆工作人员只要一按计算机开关，计算机就能迅速进入桌面。图书馆工作人员只需打开浏览器，在"图书馆云"的统一身份认证系统界面上输入用户名和口令，系统桌面就能保留个性化设置。只要进入"云"，工作人员之前所做的图书馆业务和工作就都将展现在桌面上。

在"云"中访问资源、请求服务，就像人们平常使用水、电、煤气等设施一样，随心所欲。让我们共同期待这朵"云"的到来。

参考文献

[1] 李欣荣.现代图书馆数字内容管理与创新技术[M].四川大学出版社,2010.

[2] 王芬林.数字图书馆实践思考：文化共享工程的发展与创新之路[M].国家图书馆出版社,2012.

[3] 上海图书馆编.转型时代的图书馆[M].上海科学技术文献出版,2014.

[4] 刘净净.面向泛在信息社会的数字馆藏管理与利用[M].国家图书馆出版社,2013.

[5] 吴恒梅.现代图书馆管理理论与实践[M].世界图书出版公司,2012.

[6] 龚军慧.数字图书馆管理创新问题初探[J].内蒙古科技与经济,2006(03S):95.

[7] 陈星.数字图书馆管理对传统图书馆管理的继承与创新[J].产业与科技论坛,2016(24):150.

[8] 王翠娜.图书馆创新管理与发展路径研究[J].图书馆与文化研究,2020,1(1):3-4.

[9] 常友寅.数字图书馆企业化经营与管理[M].北京图书馆出版社,2003.

[10] 葛梅荣.高校图书馆管理创新的思考[J].决策探索(下),2010(05):52-53.

[11] 葛梅荣.高校图书馆管理创新的思考[J].决策探索(下),2010(05):27.

[12] 郑建明.数字图书馆建设体制与发展模式(精)(图书情报与档案管理创新丛书)[M].科学出版社,2013.

[13] 王宏梅.浅析数字环境下图书馆管理的创新对策[J].中外交流,2017,(019):27-28.

[14] 高波.数字图书馆管理对传统图书馆管理的继承与创新分析[J].东京文学,2016.

[15] 牛鲁玉.数字时代高校图书馆期刊工作的管理与创新[J].新课程研究(高等教育),2010.

[16] 牛敏.高校图书馆数字参考咨询发展与管理创新研究[D].苏州大学,2023.

[17] 王霞.数字图书馆管理对传统图书馆管理的继承与创新分析[C]//教师教育能力建设研究科研成果汇编(第十一卷).0[2023-09-11].

[18] 阿娃汗达吾提.数字图书馆管理对传统图书馆管理的继承与创新[J].小说月刊:综合,2018(4):1.

[19] 刘憬佳.试述数字图书馆管理对传统图书馆管理的继承与创新[J].城建档案,

2020.

[20] 高波. 数字图书馆管理对传统图书馆管理的继承与创新分析 [J]. 大观, 2016.

[21] 马依拉·艾尼. 论数字图书馆管理对传统图书馆管理的继承与创新 [J]. 中文信息, 2016(2).

[22] 孙学泰. 数字图书馆管理对传统图书馆管理的继承与创新分析 [J]. 商, 2015(11):162.

[23] 陈娜. 数字图书馆管理与创新 [J]. 中国城市经济, 2011(26):224.

[24] 姜振芳. 新时期数字图书馆管理变革与创新路径探讨 [J]. 才智, 2019(12):215.